それゆけ文科若手官僚!

地方と一緒に教育改革の種をまく

千々布敏弥 編集
国立教育政策研究所総括研究官

悠光堂

INTRODUCTION

やれる立場にいるなら、やろう

浅田 和伸
長崎県立大学長
（元国立教育政策研究所長）

本書は、文部科学省から教育委員会の事務局など地方自治体に幹部職員として出向した（少なくとも当時は）若手の職員たちが、そこで何を見、何を感じ、何を考え、何をしようとし、何ができたかできなかったかといったことを綴ったものである。

第１章で千々布先生が書かれているので地方教育行政研究会（以下「地方研」という）の説明は省くが、多くはその地方研で経験を語ってもらったメンバーだ。

私は年齢だけは彼らより上だが、毎回の発表や議論を聴いて、いつも感心し、すごいな、頼もしいなと感じていた。もちろん地域により、時期により、立場により、状況も課題も全く違う。しかし、易しい仕事などというものはない。さまざまに難しい状況、高い壁がある中で、随分頑張って新しいことに挑戦し、結果を出し、後に残る道を拓いたと感じる取組も多い。私自身も地方研を通じ、また今回も彼らの原稿を読んで、たくさんのことを学ばせてもらった。

ところで、本書は一体、誰に向けて書かれたものだろう。

少なくとも、地方研のねらいの一つがそうであったように、これから地方自治体に出向する若手職員たちにはぜひ先輩たちの経験から学んでほしい。

また、彼らの挑戦や挫折の記録は、どんな仕事、立場にも通じるものを含んでいる。その意味では文部科学省に限らず広く教育行政、地方行政、教育等に関係する方々に参考にしていただけるのではないか。

さらに欲を言えば、世間からはおそらくどんな人間がどんな考えを持って仕事をしているのかが見えにくいであろう文部科学省の職員たちの生身の姿を、少しでも多くの方々に知っていただくきっかけになればと願う気持ちもある。

自治体の管理職は責任の重い仕事である。私もかつて三重県教育委員会事務局の指導課長という職を約３年間務めさせていただいたが、課長といっても、実感としては文部科学省でいえば初等中等教育局長に近いくらいの守備範囲の権限と責任を預かっていると感じていた。当然、仕事は大変だが、非常にやりがいがある。

国からの出向者は、地元の方よりも若くしてそのポストに就かせていただけることが多いが、仕事をするのに年齢や前職は関係ない。何歳だろうと、どこの出身だろうと、課長なら課長の責任を果たさねばならない。能力が足りないならその職に就くべきでないし、やるべき仕事をしないなら住民、納税者への背信になる。だから必死で勉強し、仕事をする。

私も含め、多くの者にとって、若い時期の出向の経験は一生の思い出に残る宝物になる。また行政官として大きく脱皮する契機になる。

一方で、すべての出向者が責務を全うしているかといえば、100％とはいえない。中には予定の任期の途中で国に戻る人もいる。事情はさまざまだろうから一概には言えないが、管理職として適切な判断、決断を必要なタイミングでできるかどうか、部下や周りの人たちがついていこうと思うかどうか、といったことが要因になっている場合もあるだろう。そうしたことは、その後の仕事ぶりを見ればある程度見当がつく。

本書の著者たちは皆、出向先に溶け込み、できるだけ長くいてもらいたいと評価された人たちだ。せめてそう思ってもらえる仕事をしないと、文部科学省から行く意味がない。

どこで仕事をする場合でも同じだが、私は、やろうと思えばやれる立場にいるのにそれをしないのは責任放棄だと考えている。アイデアはいろんな人が出すことができるが、やるかやらないか、いつ、どんな方法でやるかを決断できる立場にある人間は限られる。その立場にいる人間が、決断に伴う重荷や結果への責任を引き受けねばならない。その重圧から逃げてはいけない。

組織の中でトップでない場合でも、トップの判断に唯々諾々と従うだけなら、それはやはり責任を放棄しているのであって、そこに幹部としている意味がない。だから私は、相手が上の人、俗にいう偉い人でも、違うと思えば違うと言うし、引き受けるわけにいかないと思えばその理由とともにそう主張する。「逆命利君」という言葉もある。例え上の命令でも、それが世のためにならなければ上も汚すことになるのだから、あえて逆らうべきだ、という意味だ。西郷南洲遺訓の「人を相手にせず、天を相手にせよ。天を相手にして、己を盡(つくし)て人を咎めず、我が誠の足らざるを尋ぬべし」にも通じるだろう。

腹の中でよくない、できないと思っているのに、その場では「わかりました。やります」と引き受けておいて、後になってうまくいかないと「最初からダメだと思っていた」などと言うようなことは、私には耐えられない。とはいえ、「よく上の人にずけずけと反論できますね」などと言われることもあるから、皆が私と同じ感覚ではなさそうだということはわかっている。

本書に登場する文部科学省の後輩たちは、皆、私よりはるかに優秀な人たちだ。お世辞ではなく本心からそう思っている。私から彼らに注文を付けるようなことは何もない。今後も、文部科学省にいるときも、違う立場で仕事をするときも、「何のために文部科学省に就職したのか」「教育行政は何のためにあるのか」「本来どうすべきなのか」「この仕事は何のため、誰のためにするものなのか」といった原点をしっかりと掴んで離さず、誰かへの妙な忖度やイヤらしい大人の事情みたいなことで筋を曲げずに、真っ直ぐな仕事をしてくれるだろうと期待している。

学校現場の教員から教育委員会の指導主事や管理主事に異動すると、それまで教育委員会のやり方に「現場をわかっていない」と強い不満をぶちまけていたくせに、立場が変わればコロッと人が変わったように学校に対し高圧的な態度を取る人がいるという話を聞いたことがある。器用なものだ。私はそんなことはできないし、したくもない。教育委員会にいようと中学校や大学にいようと文部科学省にいようと、大使館や内閣官房や独立行政法人にいようと無職になろうと、私は私で変わらない。

生き方も人それぞれだから人のことをとやかく言うつもりもないが、せめて、出向先も含め、どこかで一緒に仕事をした人たちを後でがっかりさせるようなことはしないでほしいなと思う。

国、地方自治体、学校などさまざまな立場を経験して感じるのは、本当に負担の重い仕事、すなわち直接の当事者、関係者を相手に、一番難しい、骨の折れる、ときには筋の通らないことや不愉快極まることもある、魂を削られるような調整を担うのは最前線の現場だということだ。

私は、教育においては子供たちがいる現場こそが主で、教育行政はそれを支える黒衣（くろご）、縁の下の力持ちに徹するべきだと考えている。そして、そのことにささやかな矜持を持って仕事をしてきた。

行政がいい加減なことをすれば、皺寄せは現場に行く。現場から遊離した「こうあるべき」という建前論や、財源や人の手当を伴わない口先だけの指導などは、言う方はいい恰好ができるだろうが、現場を苦しめ、追い詰める。いくら「現場主義」を唱えても、それが単に視察やヒアリングを増やすという程度の意味なら、現場との乖離は大きくなる一方だ。そんなことを望んでいる人間はいないだろう。

こう言っては失礼かもしれないが、本音なので書かせてもらう。私はいろんな先輩たちを見てきて、文部科学省や霞が関の中でしか通用しないような人間にはなりたくない、なるまいと自分に言い聞かせてきた。後輩たちも、何を自分に課すかはそれぞれでいいと思うが、将来、この本で書いていたことと全然違うじゃないか、嘘つきじゃないか、と言われるようなことはしないでほしいな。それも、どうするかを決めるのは自分自身だけどね。

目　次

CHAPTER ONE

第1章

改革の担い手としての出向者

改革の担い手としての出向者

千々布 敏弥
国立教育政策研究所総括研究官

1 地方教育行政研究会の発足

この勉強会（地方教育行政研究会）を発足させたのは2016年になる。大分県に出向していた佐野壽則氏（現：教職員支援機構）、北海道に出向していた武藤久慶氏（現：教育課程課長）の話を聞いて「面白い！これを一人で聞くのはもったいない」と思ったのがきっかけだ。

2000年入省の武藤久慶氏は2010年度から4年間、北海道に出向した。最初のポストは教育政策課長である。その後義務教育課長、学校教育局次長となっている。通常は一つのポストを2年間務めるが、武藤氏はポストを異動し、局次長というキャリアアップまで行っている。北海道が武藤氏をとどめおきたいと考えた故である。武藤氏の仕事の仕方は単純明快だ。北海道の学力が低いことを疑問視し、そのためのデータ分析を徹底的に行った。その成果を彼自身がプレゼンする。例えば、「賛成」という漢字の書き取りの全国正答率は78.3%、北海道は67.6%。「賛成という漢字を書けない若者が3割いるのは問題ではありませんか」と問うわけである。武藤氏の情報収集は高校卒業生が就職する企業にも向かう。消費税の計算ができない、ガソリン1リットルで何キロ走れるかを計算できない、マニュアルが理解できない、「こんな生徒だと、いくら採用したくても採用できない」という声が企業に存在している。そのようにわかりやすいデータと事例で武藤氏は北海道の各地で学力向上の必要性を訴え続けた。

2002年入省の佐野壽則氏は2012年から3年間、大分県の教育改革・企画課長として出向した。佐野氏は武藤氏とは全く異なるアプローチで大分県を改革している。佐野氏が取り組んだのは教育事務所の学校訪問体制である。それまで教育事務所は一つの学校に数年に一度しか訪問していなかったのを、毎年3回訪問する体制に変えた。それだけでなく、訪問時の指導の視点として学校経営計画の提出を求め、学校経営のPDCAサイクルを回すように働きかけた。その体制を構築するため、教育事務所の定員を増やした。私は佐野氏の大分県改革に学び、その後教育委員会の学校訪問体制を調査するようになった。この視点は佐野氏に教えてもらったといっても過言ではない。佐野氏の在任中に全国学力・学習状況調査の大分県小学校の都道府県間ランキングは33位から16位まで上昇し、その後2023年には8位となっている。中学校の都道府県間ランキングは30位台であったのが、2021年に9位にまで上昇している。

私にとってキャリア組が地方に出向して大暴れする姿に気付いた契機は、浅田和伸氏（元：国立教育政策研究所長、現：長崎県立大学長）が1992年から3年間、三重県教育委員会指導課長として出向していた時期に起こった学校週五日制をめぐる報道である。当時は国主導で学校週五日制を少しずつ現場に導入しようと施策が推進されていた。週休二日制が一部の企業に導入され拡大しつつある中、学校の週五日制について検討するため、与党では小委員会、文部省では調査研究協力者会議開催と調査研究協力校設置などを通じ、少しずつ実施に向けた動きが進んでいた。2002年度から完全学校週五日制となるのだが、当時は国全体を揺るがす大問題だった。そのような中で、1993年に三重県は、県内1か所だけの国のモデル地域に加え、県独自のモデル地域を設定して学校週五日制を促進することとした。当時の文部省は国の指定校以外での試行を認めない方針だったため、どうなることかと思った。最終的に三重県の施策は国の五日制研究指定校と並存するかたちになり、丸く収まったのだが、私は三重県の先見性と斬新な施策の発案者が誰であるのかに大変関心を持った。この種の施策を県が実施しようとする際、今日においてもそうなのだが、県は国の意向を必要以上に気にして水面下の交渉をするものである。なのに、三重県はそのような動きをした形跡がなかった。三重県の施策はその後ほかの自治体も追随するところとなり、結果として国の学校週五日制実施を後押しすることになるのだが、そのことを予見しながら国への相談なしに独自に動く自治体は（今日では多いが）、当時の私が知る限りはなかった。誰がこのような施策を推進しているのか、調査する中で浮かび上がったのが指導課長であった浅田和伸氏である。浅田氏の活躍というか、縦横無尽ぶりは、2009年の品川区立大崎中学校長赴任にも表れている（浅田和伸『教育は現場が命だ―文科省出身の中学校長日誌』参照）。大崎中学校に赴任するために浅田氏が取った戦略は詳しく記すことができないが、省内各処と衝突しながらブルドーザーのごとく進めている。そんな勝手な仕事ぶりでも局長まで上り詰めるのだから、氏の行政能力の高さと文部科学省の懐の深さがうかがえる。

リトル浅田のようなキャリア組若手が少なからずいることに気付いた私は、当時教育再生実行会議担当室長であった浅田氏に相談し、放送大学小川正人教授を顧問格で引き入れ、小川教授関係の研究者を交えながら、キャリア組若手による勉強会「地方教育行政研究会」をスタートした。

本書に類する本は、政策研究大学院大学による木田宏、天城勲、西田亀久夫のオーラルヒストリー、荒井英治郎（信州大学）氏による安嶋彌、高石邦男、菱村幸彦、辻村哲夫、御手洗康、銭谷眞美らのオーラルヒストリーが該当する。いずれも市販されていなく、図書館で読むしかないのだが（荒井氏編纂書はすべて寄贈いただいているが）、結構それぞれ真摯に現役時代のことを語っている。特に面白いのが地方出向時の逸話だ。教育委員会職員はその県に住み続けている以上、多少理不尽なことがあっても波風を立ててまで変えることは難しいことが多い。そこに出向者がしがらみのない立場を利用して、組織を大改革するのだ。当然軋轢が生じるのだが、その後その県からは長く感謝されることになる。さらに浅田氏の三重県出向時に見られるように国の立場を捨て去り、地方の人間になりきって職務に邁進していることも共通している。対して出向後に本省に戻って、特に局長以上のポストに就いた時代のオーラルヒストリーの記述は、国会等で答弁されている内容や行政説明で語られる内容と大差ないものが多い。それを超える内容は語ることができないということなのだろう。あるいは組織の一員として動くため、自分の判断で動ける範囲が狭いのかもしれない。だからこそであろう、文部科学省職員にとって出向体験は、大活躍できて自身の行政官アイデンティティーを強固にする絶好の機会であるようだ。

2 ポジティブ・プレッシャーとしての教育事務所訪問

この研究会で交流される出向者の改革は、ある程度の共通項が見られる。2019年より岡山県教育次長として出向した高見英樹氏の稿で紹介されているように、出向者の多くは出向先の県の課題を分析し、その課題解決に有効な他県の施策の情報を収集している。かくして、岡山県、熊本県、北九州市、尼崎市への出向者は皆大分県と同様に教育事務所による学校経営改善支援体制の改革に取り組むことになった。校長に学校経営計画の作成とその進捗状況の自己評価を求め、教育事務所が年複数回訪問して学校改善の状況をチェックしている。私が『若手教師がぐんぐん育つ学力上位県のひみつ』(2017)、『学力がぐんぐん上がる急上昇県のひみつ』(2019)で紹介した、秋田県をはじめとする学力上位県や上昇県が共通して採用している学校の外部評価体制である。

国が2010年に公表した学校の第三者評価制度では、評価の外圧で学校が変容することが想定されていた。教育事務所は学校にとって第三者とは言えず、当事者とも言えない、半分身内で半分外部の存在だ。その教育事務所が定期的に学校を訪問して学校経営の改善を支援している。基本的に学校経営の主体は校長をはじめとする学校の職員集団であり、経営体制や協働が機能しているかどうかという観点で学校を視察している。

この学校経営支援体制は、アメリカやカナダで学校改革の支援を行っているマイケル・フランの考えに合致している。フラン（1994）は行政から独立した学校の自主性あるいは自律性の考えを否定する。フランが観察したアメリカの学校では、ボトムアップを尊重した施策により授業担当が少なくなったものの、教職員は自分たちの判断で自由に活用できるようになった勤務時間のほとんどを私的な業務に費やして、協働体制が広まることはなかった。フランはトップダウン施策も批判しているが、ボトムアップ施策を支持するわけでない。フラン（2004）は、学校に協働体制を構築するためにもリーダーシップが重要で、職員が変容するために校長などのリーダーが継続的にポジティブ・プレッシャーを与える必要がある、と説いている。いたずらに危機感をあおったり、懲罰を与えたり、競争させるなどのネガティブ・プレッシャーとは反対に、ポジティブ・プレッシャーとは、それによって職員のやる気を喚起してよい結果を得るための努力に向かわせ、システム全体の改善に向かわせるものである。

佐野氏の後任として大分県に出向した能見駿一郎氏は教育事務所による学校への伴走支援体制を強化するために、教育事務所相互及び県本庁との連絡体制を構築した。私は能見氏が教育事務所訪問に同行する場面に帯同したことがあるのだが、同行しながら気付いたことを次々に担当指導主事に伝え、相談している姿が印象的だった。

岡山県に出向した髙見英樹氏は、それまでの県教育委員会の学校訪問が年１回にとどまっていた体制を年複数回訪問すること、退職校長を学校経営アドバイザーに任命して学校経営に関する指導も行うこと、教育事務所の指導主事を増やすなど、大分県の改革をさらに徹底させる改革に取り組んだ。

熊本県に出向した竹中千尋氏は、教育事務所による学校訪問体制を強化し、本庁と教育事務所の指導主事が協議する体制を構築した。私は熊本県の教育事務所の所長や指導課長、指導主事が集う研修会に３年連続で招聘されたが、毎年開催内容が改善されていることに感心した。

教育事務所の学校訪問は、まさに学校に対するポジティブ・プレッシャーであり、それが機能しているのが秋田県や大分県などの学力上位県なのである。ただし、県によってはその枠組みで説明しにくい県もある。大江耕太郎氏が埼玉県で取り組んだのは、億単位の予算をかけた項目反応理論による県版学力調査の創設である。多くの都道府県が独自の学力調査を実施しているが、県平均と学校平均を比較したり業者テストを活用して全国平均と比較したりする分析がほとんどである。埼玉県が開始した学力調査は、項目反応理論を活用して子供一人ひとりの学力の伸びを測定できるようにしている。そのことの意義は認めるが、それだけで県の学力平均や授業改善につながるはずはない。億単位の予算をかけるのであれば、別の施策に取り組んだ方が効率的でないか。そう思って研究会における大江報告を私は冷ややかに見ていた。ところが、大江氏が県版学力調査を開始した2015年以降、埼玉県の全国学力・学習状況調査の平均点は上昇を続けており、国語と算数・数学の平均を合計した都道府県ランキングは小学校で2015年42位から2023年13位まで、中学校で2015年36位から2023年８位まで上昇している。この急激な改善は私がこれまで調査してきた大分県や沖縄県の改善を上回るものであり、大分モデルを推奨してきた私の考えの見直しを迫るものであった。私は大江氏に非礼を詫び、埼玉県の学力上昇の秘訣を探りに行った。すると見えてきたのは、埼玉県は以前から教育事務所による学校訪問を実施していること、埼玉県版学力調査の開始以来、学校訪問時にそのデータを活用して学校指導を行っていることであった。つまり、埼玉県は教育事務所による学校訪問を以前から行っていたものの、ポジティブ・プレッシャーになり得ていなかったのが、埼玉県版学力調査のデータ活用によってポジティブ・プレッシャーが生じるようになったと解釈できるのである。かくして、埼玉改革も大きくは大分モデルの範疇に入ると、私は解釈している。

3 出向者のパワー

出向者はアウェーのまっただ中に投げ込まれる。通常はその教育委員会の内部昇格で課長や教育長になるのに、突然落下傘のようにやってきて自分たちの上司になるのだから、職員は面白くなくて当然だろう。しかし、教育委員会は行政委員会としての立場から首長部局から独立性が高く、しかも既存の組織文化で運営されていることが多いため、首長から批判的な目で見られている。出向者の多くは首長や教育長の要望に応じて文部科学省から派遣され、組織文化の改革を期待されている。

出向者はそのような文脈で赴任して、しかし多くは所属職員との信頼関係を構築することに最初の精力を注いでいる。「数年の腰かけで○○市の教育を乱されてはかなわない」「○○市で先進事例なんて、絶対無理です」などの声が赴任当初の出向者に投げかけられる。そのような敵対勢力を味方に変えるのに、出向者はさほどの時間をかけていない。岩岡寛人氏（鎌倉市出向）のように学校の教員に朝から夕方まで張り付いて教師の考え方を学ぼうとしたことは、ほかには聞かない特異な事例になるのだが、赴任直後に所轄の学校を訪問する方針を掲げる出向者は多い。今村剛志氏（北九州市出向）のようにおすすめの店を聞いて回って職員と親しくなる古典的な手法で交流する出向者、大川晃平氏（愛媛県出向）のように趣味の釣りを通じて情報を得るという搦め手で迫る出向者もいる。小倉基靖氏（徳島県出向）は当初阿波弁の渦中で「五里霧中」だったのが、指導主事の本音を引き出して「皆が発案者となり、やるべきこと、やりたいことが無数に増えてきた」状態にまで導いている。最年少教育長として赴任した浅原寛子氏（湖南市出向）に校長たちは警戒心だらけであったが、その後「あのときの顔は怖すぎました」などと話しかけることができるほどの関係を構築している。

出向者は指導主事たちの高い力量を認め、尊敬している。指導主事の多くは旧い組織文化にとらわれているが、それを変える必要があることも認識している。出向者はそのような思いを引き出し、現場に精通している指導主事と何度も議論を重ねて施策を練り上げている。

出向者はそれぞれの手法で赴任地の課題を感じ取り、それを変えるための戦略を考えている。通常の手法で予算獲得が難しいと考えた出向者は、それぞれ独自の手法で予算獲得に動いている。教育長の公用車に同乗する機会を見付けて施策の必要性を訴えたり（今村氏・北九州市出向）、財務担当者に非公式の場で繰り返し説明して理解を得たり（大江氏・埼玉県出向）、予算成立を受けて「教育委員会がここまで頑張ってくれたのだから、現場はこの期待に応えないとあかん」との声が現場から寄せられるほどになったりしている（浅原氏・湖南市出向）。

それぞれの手法があるのだが、一番大きいのは本人の熱意だろう。「東京から来た若い課長が何度も何度も「学力向上」「学力向上」と言って学校を回っているのを見て」市町村の教育長は徐々に心を開いていった（山本悟氏・鹿児島県出向）。山田素子氏は同じ文部科学省キャリア組のご主人が通勤時間２時間となることを選択して磐田市に出向した。１年目に厳しい目で見ていた市長部局幹部が「２年目に入り拙いながらも一生懸命取り組む姿勢を評価」するに至るなど、周囲を巻き込むことに成功している。

4　出向者による働き方・意識改革

小川哲史氏（千葉県出向）は国が働き方改革を唱道する以前からワークライフバランスを重視した働き方改革に取り組んだ。具体的には本人が率先して早く帰る、答弁案作成のやり取りを一度で済ませるようにするなどだ。「小川課長が来られて、議会答弁作成が10倍速になった」とは、なんと痛快なことか。小川氏は会議についても形式的な情報伝達をする会議ならやめた方がいい「腹を割ってぶっちゃけ話をしよう」とも進言している。

岩岡寛人氏が鎌倉市で開始したスクールコラボファンドには、多くの教育行政関係者が驚いたはずだ。「令和の日本型学校教育」を推進する地方教育行政の充実に向けた調査研究協力者会議の報告（2023年）の中で紹介され、埼玉県戸田市が早速取り入れるなどの動きが見られる。スクールコラボファンドはガバメントクラウドファンディング制度を活用して市民の寄附を学校教育に活用するもので、大きくは学校裁量予算と似た効果を期待しているものであろう。岩岡氏がこの制度を構想したのは、「鎌倉で先進事例なんて、絶対無理ですよ」と語る教育委員会職員の意識を変えることに主眼があったのではないかと見ている。

今村剛志氏が北九州市で行った子どもひまわり学習塾創設に至る発想も同じものがあると見ている。表面的には民間活力を活用した学校教育支援であるように見える(今村氏は市長や教育長にそのように説いたはずだ)。だが、真の狙いは鉄冷えでまちの活気が減退傾向であること、学習意欲の地域間格差が大きいこと、それを変えることのできない市の地域文化（風土）と捉える指導主事の意識を変えようとしたはずである。

竹中千尋氏（熊本県出向）は指導主事たちの強みを認めながらも上司の考えに流されがちな指導主事文化を変えようとした。満遍なくポイントが押さえられた資料よりも「必ず伝えたいと思うところ」を明確にした資料作成を求めた。竹中氏の指導主事への接し方は、それまで縦割りで稟議を重視する教育委員会職員の考え方自体をターゲットにしていたはずだ。

村尾崇氏（福岡県出向）は、国の役割だけでなく都道府県、市町村、学校がそれぞれの裁量でできることは数多くあり、「各々が主体的にその権限をフル活用して取り組まなければ、学校現場は変わらない」と記している。当然の認識であるが、実際には国に頼る、あるいは先進事例のコピーで施策を構築している自治体は多い。村尾氏は国と地方両方の立場を経験して、肌感覚でその重要性を理解したはずだ。それ故に「自分がその後、教育行政官として仕事をするに当たっての原点は、福岡県におけるこのときの経験にある」との言葉が重く伝わってくる。

大川晃平氏の愛媛県勤務を通して「始めは怒っていた肩がいつの間にか「なで肩」に」なっていたという文章は、氏のパーソナリティもあろうが、行政職の一つの真実を表していると思う。「その地の「潮」を読みながら、それに合わせてしかるべき取組を進める。されど決して「潮」に流されるわけではない。この「潮」を生かした力はかなり大きい」とは、まさに大局観のある認識だろう。

5　出向者の説明能力

岩岡寛人氏に鎌倉市体験を研究会で報告するよう依頼した際、市民の教育を応援したいと考える意志を尊重するスクールコラボファンドや個別最適化を目指すULTLAプログラムの発想の根拠を尋ねたら、政策の窓理論を持ち出してきた。政策の窓理論とはジョン・キングダン（2011）が提唱した枠組みで、問題の流れ、政策の流れ、政治の流れの交差するところで政策が形成されていくとする考えである。学校現場サイドは問題の流れを意識するが、それが首長や議会の意識する政治の流れとは一致しない。さらに教育委員会事務局や首長部局における政策の流れと一致しなければ問題解決に向けた政策は実現しないという考え方である。

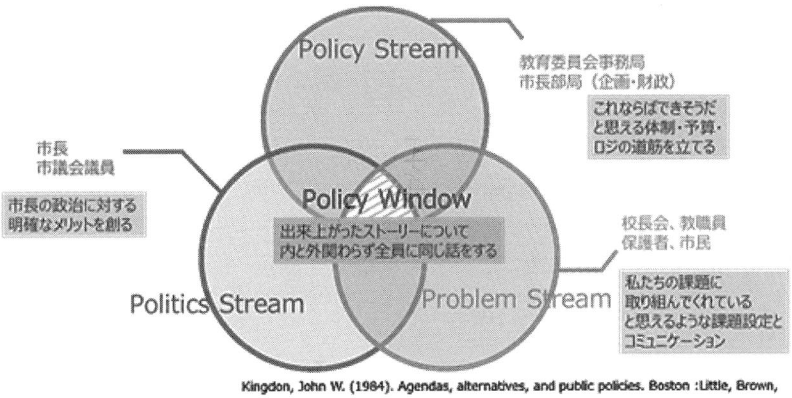

岩岡寛人2023年９月地方教育行政研究会報告資料より

岩岡氏の説明を聞いていた別の参加者は「彼はそう説明することで伝わ

りやすくしようと考えたのだろう」と語っていた。つまり、岩岡氏は政策の窓理論を実践に適用したのではなく、自分の政策決定を説明する上でキングダンを持ち出すのが有効と考えたのである。出向者の多くはそのような説明のテクニックにも長けている。

なお、キングダンモデルは出向者の活躍内容が自治体によって異なることも説明してくれる。県の組織などシステムレベルを改変することに成功した出向者がいるのに対し、組織改編には至らずに事業予算のみを獲得したり、組織文化のみを変えたりすることに精力を注ぐ出向者がいる。それは、それだけ政治の流れや問題の流れを構成する組織文化が強固である故とみている。大分県、岡山県は教育事務所の組織体制を変えることに成功しているが、それを可能にする政策の窓があったわけで、政治の流れや問題の流れが強固だと、いかに行政における政策の流れを変えても全体が動くことにならない。出向者はそのような出向先の状況を適切に見極めながら行動している。

6 出向者にとっての出向

村尾崇氏（福岡県出向）が「教育行政官として仕事をするに当たっての原点は、福岡県におけるこのときの経験にある」と語ったり、今村剛志氏（北九州市出向）が「私が行政官として大いに成長することができた」と語ったり、渡邉浩人氏（高知県出向）が尾﨑知事について「根底の駆動力につながるような部分で感じた」と語っているように、出向者にとって出向体験が教育行政官としての成長に大きく位置付いている。文部科学省は基本的に教育委員会を対象に行政活動を行っており、学校に直接アプローチする機会がないことが大きな要因だろう。私自身は研究活動の一環で現場によく足を運んでいるから、現場は身近すぎるくらいの感覚なのだが、行政官にとっては違う。本書の執筆陣には入っていないが、ある市の教育長として出向した行政官は、訪問した学校で子供から渡されたボール紙に

「○○先生」と書かれたネームプレートをずっと文部科学省の自席に置き続けていた。本人にとっては局長などの肩書きよりも子供から「先生」と話しかけてくれたことの方がうれしかったのだろう。浅田氏が大崎中学校長時代の交流をいまだに大事にしているのも、同じ感覚だろう。だから氏が文部科学省に復帰して以後の雑誌連載は「浅田前中学校長の○○日誌」とのタイトルだし、寄稿文の肩書きは文部科学省の局長等の肩書きに加えて元大崎中学校長と書かれている。

本書の執筆者たちは教育のことが好きでこの職に就いたのだから当然だろう。だが、多くの読者が本書の執筆者に冷徹な官僚像を予想しながら、その期待が裏切られたことに少なからぬ驚きを持っているはずだ。私自身は、この研究会を通じて彼らの真摯さに触れ続けてきたのだが、今回の企画を通じて、彼らがこれほどに熱い思いを持っていたと再認識している。

《参考文献》
- 千々布敏弥『プロフェッショナル・ラーニング・コミュニティによる学校再生—日本にいる「青い鳥」—』教育出版、2014年
- 千々布敏弥『若手教師がぐんぐん育つ学力上位県のひみつ—なぜ新採でもすぐに成果が出せるのか』教育開発研究所、2017年
- 千々布敏弥『学力がぐんぐん上がる急上昇県のひみつ—あの県あの学校がやっている学力底上げの秘策』教育開発研究所、2019年
- Fullan Michel （1994）, Coordinating Top-Down and Bottom-Up Strategies for Educational Reform, Systemic Reform: Perspecitives on Personalizing Education--September 1994
- Fullan Michael （2007） The NEW Meaning of Educational Change: Fourth Edition, Teachers College Press
- Kingdon, John W. (2011) Agendas, Alternatives, and Public Policies . Boston, MA: Longman.（笠京子訳『アジェンダ・選択肢・公共政策—政策はどのように決まるのか』勁草書房、2017年）

☞ CHANGE from ACADEMY

研究会への期待と教育事務所雑感

小川 正人
東京大学名誉教授

地方教育行政研究会の趣旨は、出向者の経験を省内で共有すること（特に出向予定の若手職員への継承と学びの機会）にあると思うが、私のような外部の教育行政研究者にとっても、毎回、新たな気付きや学びの多い会であった。同省職員――今後、省を担っていく若手・中堅職員が、地方の教育行政の現状と問題をどのように認識し、そこからいかなる課題を設定して自身が置かれた各々のポストで実際どう取り組んだのかという話は、ある種のアクションリサーチにも似た作業として聞き入った。こうした会を省内職員だけに限るのはもったいないし、同省職員と外部の研究者等との共同の学びの機会にできたらと東京近郊の若手・中堅研究者にも声をかけたが、金曜日の仕事を終えた夜の開催という条件等もあり残念ながら研究者の参加は限られた。研究者の参加も促しながら今後も継続してほしいと願っている。

報告者からも言及する機会が多く、私も関心があった教育事務所のテーマは特に興味深かった。私は、ここ10年ほど、科研費をもらって人口減少・市町村合併と分権・行財政改革の下で地方教育行政システムがどう変容しているのか等を実証的調査研究で明らかにする作業を進めてきた。特に、地方教育行政の要ともいえる教育事務所体制と広域人事行政の変容が教育行政運営に及ぼす影響を分析してきた（それら成果の一端は、若手・中堅研究者と一緒に刊行した『地方教育行政とその空間：分権改革期における教育事務所と教員人事行政の再編』〈学事出版、2022年〉を参照してほしい)。その調査で事務所を全廃した県教育委員会関係者から、事務所それぞれの地域的風土・諸事情を尊重した運用という建前の下で事務所が県の一体的行政運営の妨げになっていた等とする声も聞かれたが、本研究会でも事務所の「功罪」について意見が交わされていたのは興味深かった。2000年以降、事務所統廃合を実施した都道府県が25（全廃は5府県でその内1県は後に「復活」)、一方、広域人事は異動範囲が基礎自治体ベースに狭隘化の傾向が進んでいる（市町村合併で基礎自治体のエリア拡大等の影響もあり)。人事行政が分散化傾向の中で、事務所統廃合に象徴される地方教育行政運営を本庁集約型か市町村分散型のどちらに今後進めていくべきなのか。私自身は事務所の「功」の側面を評価しているが、人口減少と地域間格差の拡大進行の下で事務所の役割・機能をどう見直し、どのような再編の選択肢を提案できるかは地方教育行政運営の重要な課題の一つであると考えている。

CHAPTER TWO

第2章

県だけでは思い付かない
新たな発想で
教育行政システムを改革した話

CHANGE from 大分県

粘性の強い回転体

能見 駿一郎
2005年入省
現在、総合教育政策局地域学習推進課地域学校協働推進室長
大分県教育委員会教育改革・企画課長（2015 － 2018）

1 はじめに

私が大分県教育委員会に出向したのは2015（平成27）年4月からの3年間。大分県教育界は、2008（平成20）年の教員採用選考試験等をめぐる不祥事を乗り越えるべく、しつこく果敢に重ねられた教育改革の途上。権限と責任が明確で透明性が高い教育行政システムの確立、適正な教育行政と学校運営の確保に向けた条件整備を経て、何よりも子供たちの力と意欲を高めるために打ち出された「芯の通った学校組織」の構築による学校改革が軌道に乗りつつあった。「芯の通った学校組織」の取組とは、目標達成マネジメントと組織マネジメントを両輪として学校マネジメントを機能させ、組織的課題解決力の向上を図ることで持続的・発展的な学校教育活動の実現を目指すもの。その具体や軌跡については、前任者の著書[1]及び大分県教育委員会ホームページ[2]掲載資料を参照いただくとして、ここでは、「芯の通った学校組織」の取組の定着・発展に向けて在任中に心がけたことについて振り返り、記すこととしたい。

2 「教育県大分」創造に向けて

国・都道府県教育委員会・市町村教育委員会・学校長と、それぞれに権限と責任のある教育界にあって大きな改革を進めその浸透を図るには、相応の労力と時間がかかる。本稿のタイトル「粘性の強い回転体」とは、そのような教育界・教育行政の特質・難しさを指して、当時の県教育長が県教育委員会職員向けの訓示の中で用いた言葉。知事部局出身で要職を歴任の後に初代の「新教育長」となられた方の言葉でもあり、言い得て妙ととても印象深く覚えている教育長語録の一つである。私の出向ポストは、県教育委員会の主管課として各課室に目配せしつつ６つの教育事務所を所管し、市町村教育委員会との連携をも担う「教育改革・企画課長」（かつての総務課長）ということで、教育行政の結節点として「粘性の強い回転体」と向き合う日々であったとも言えよう。折しも、着任した2015（平成27）年度は５年、10年に一度の県長期教育計画の改訂年。そして翌2016（平成28）年度は、「芯の通った学校組織」の取組に係るプランの改訂年。教育長からは「計画ものは“瞬間風速”だから……」といじられることもあったが、“されど”との想いで計画・プランの策定[3]とそれらの実行を通じて大分県教育の回転軸のあるべき方向を探り、各市町村・各学校現場の実態を勘案しつつほどよい負荷の回転速度となるよう注力した。

3 市町村教育委員会との連携

大分県はいわゆる平成の大合併で市町村合併が進み、市町村数は18と、県の立場からすると個々の状況を把握しやすい一方で、小藩分立の歴史もあってか学校教育の風土は多様で教育改革の進捗状況も区々であった。そうした中で、新しい長期教育計画で掲げた「教育県大分」の創造に向け心がけたことの一つは、市町村教育委員会との対話を通じたベクトル合わせ。“瞬間風速”の計画策定もやり方次第で改革を前進させる有効な手段となる。２年続けての計画・プラン策定過程では、年数回の市町村教育長会議で議題とするだけでなく、素案の段階で意見照会をかけ書面での意見提出を求めるとともに、その内容に応じた課室横断の訪問体制を組んで市町村教育委員会と個別に「『教育県大分』創造に向けた意見交換会」を行い、丁寧な合意形成に努めた。

また、教育長及び各教育委員の意向も踏まえ、新たな長期教育計画の策定を機に、従前の県の教育委員が県内各地に出向き、地域の校長・教育関係者と意見交換する移動教育委員会や、市町村教育委員会との地域別意見交換会を発展させた「『教育県大分』創造に向けた地域別意見交換会」を定期開催することとした。これには、県·市町村双方の教育長·教育委員、教育次長、教育事務所長、関係課室長と市町村が選定した小中学校長等が参加。共に市町村立の小中学校と県立学校（高校または特別支援学校）を訪問、それらの学校の取組状況も踏まえ、あらかじめ設定したテーマのもと意見交換・協議を行うとともに、（コロナ禍前までは）夜の懇親会までフルコース·１日がかりの企画であったが、毎月のように開催して 2016（平成 28）、2017（平成 29）年度の２年で１巡（市域が広く学校数も多い大分市は東西に分け、18 市町村で計 19 回実施）。県教育委員会・市町村教育委員会のベクトルを合わせ、「教育県大分」創造に向かおうとする機運を高める上で重要な取組となったように思う。

4 教育事務所による伴走支援

このような県教育委員会（本庁）と市町村教育委員会との直接の対話と並行して進めたのが、県教育委員会（本庁）と市町村教育委員会・学校現場をつなぐ教育事務所の活用・機能強化。最近はやりの言葉を用いれば、教育事務所による伴走支援体制の強化である。大分県では、「芯の通った学校組織」の取組着手以降、その司令塔として、本庁関係課室と各教育事務所で集まる「本庁・教育事務所会議」を毎月定例開催し、取組の進捗管理を行うとともに、各教育事務所が市町村教育委員会陪席のもとすべての市町村立学校を年２回以上訪問（当初は学期に１回・年３回、2015（平成27）年度以降は年２回＋課題校への追加訪問）することで、密度の濃い指導・支援を重ねてきた。その具体や軌跡については、やはり前任者の著書及び大分県教育委員会ホームページ掲載資料に譲るとして、私が在任中に傾注したのは、前任者が指摘する「共通化と創意工夫のバランス」を教育事務所にも求めることであった[4]。

「芯の通った学校組織」の取組着手から３年、各市町村教育委員会・学校現場の実情や抱える課題、各教育事務所の強み等に応じた創意工夫はもちろん歓迎すべきことなのだが、教育事務所の学校訪問への同行を重ねる中で気がかりだったのは、訪問時の流れから校長等との協議の切り口までスタイルが区々であったこと。そこで、少なくとも年２回の定期訪問時にどう臨むのか一定の共通化を図るとともに、各教育事務所の学校改革担当指導主事にはほかの教育事務所の学校訪問への同行を推奨するなど、教育事務所による指導・支援の平準化と取組水準の底上げを企図した。

また、教育事務所の機能強化を図る上では、各教育事務所長の意識喚起と教育長等本庁幹部との意思疎通も重要。そこで、上述の「本庁・教育事務所会議」を体系化し、節目節目で本庁幹部と各教育事務所長が出席する本部会議を開催するとともに、２～３か月に一度、年度毎の重要テーマについて本庁幹部と各教育事務所長が個別に協議を行う「地域別戦略ミーティング」を開催することとした。

このほか、中長期的視点から「教育事務所の機能強化に関する基本方針」をまとめたりもしたのだが、こうした教育事務所による伴走支援体制の強化は、「芯の通った学校組織」の取組をはじめとする平時の施策推進に加え、結果的に緊急時（大規模災害時）の対応を迅速・円滑化する上でも効果的だったように思う。在任中には、熊本地震・九州北部豪雨等の災害が相次いだ。それらの教訓を踏まえ、市町村教育委員会から県教育委員会への被害状況等の報告ルートを整理したり、県教育委員会から市町村教育委員会へのリエゾン派遣を制度化したりしたのだが、そのような緊急事態でも重要なつなぎ役を担うのは教育事務所であり、その伴走支援を通じた日頃からの人間関係であった。

5 総合的に、そして今後への期待

さて「芯の通った学校組織」の取組は、もとより学校マネジメントの改善を軸としつつ、学校教育の諸課題解決に向けて各指導課室が進めた、授業改善を通じた学力向上・体力向上、いじめ・不登校対策等の取組と歩調を合わせた総合的な学校改革である。その意味で意識したことを２点付言したい。一つは国レベルの教育政策との調和。在任中には、学習指導要領の改訂、「『次世代の学校・地域」創生プラン」の策定等、国においても大きな動きがあったが、そうした国レベルの教育政策を“別物”とするのではなく、県独自の取組となるべく調和を図りながら進めること。もう一つは、各種施策の相乗効果・波及効果。県内各地域で生まれつつあった取組の成果、キラリと光る実践を取り上げ、教育改革・企画課の所掌内でいえば、教育功労者表彰・教育実践者表彰等の表彰対象としたり、「大分県教育庁チャンネル」[5]等の広報ツールを用いて戦略的に発信したりするなど、少しでも相乗効果・波及効果が高まるよう企図した。

この間、コロナ禍を経験し、社会のデジタル化やGIGAスクール構想が進展、いわゆる教師不足とも相まって学校・教師の働き方改革が喫緊の課題となる中で、大分県の教育改革にもさまざまな影響があったことと思う。しかるに、教育界・教育行政は「粘性の強い回転体」。大きな変革を起こし、回転の向きや回転軸を変えるのは大変だが、時流に沿った正しい軌道で回転に加速度がつけば、その分力強い推進力が得られるのではなかろうか。「芯の通った学校組織」の取組は、期間を区切った第１～第３までのステージ制を経て、『「学校マネジメント」推進指針』[6]として昇華した（普遍化・恒久化された）とのことであり、大きな推進力をもって「教育県大分」創造に前進しつつあるものと期待したい。

《注》

1　佐野壽則『未来を切り拓く力と意欲の向上に向けて～大分県の教育改革～』悠光堂、2015年

2　https://www.pref.oita.jp/site/kyoiku/202310.html

3　「「教育県大分」創造プラン2016」（2016年３月）及び「「芯の通った学校組織」推進プラン第２ステージ～大分県版「チーム学校」実現プラン～」（2017年３月）

4　脚注１、２参照。「共通化と創意工夫のバランス」については、脚注１の著書P.151-152参照

5　https://www.pref.oita.jp/site/movie/

6　脚注２のリンク先参照

CHANGE from 岡山県

教育事務所の機能強化を図りながら、学校経営力強化・授業改善に取り組んだ

高見 英樹
2002年入省
現在、高等教育局企画官
岡山県教育委員会教育次長（2019 − 2021）

1 はじめに

岡山県では、全国学力・学習状況調査において全国10位以内という目標が掲げられており、子供たちの「学力向上」が県政の一丁目一番地として位置付けられ、その実現に向けてさまざまな取組が進められてきた。

本論では、私が岡山県教育次長として在籍した2019年4月から2021年3月までの２年間において、岡山県の最重要施策である「学力向上」のために重点的に取り組んだ、学校経営改革・授業改善、学び続ける教職員の文化の醸成、さらには学力観の見直しについて、どのような背景や考えに基づきながら進めてきたのかについて紹介する。

（1）全国10位以内という目標

全国学力・学習状況調査において全国10位以内という目標が定められたのは、岡山県において古くから教育に力を入れてきた歴史があることが背景にある。現存する庶民のための世界最古の学校と言われる閑谷（しずたに）学校が県民の誇りとなっており、また、経済的背景や性別などの要因で、教育がすべての人に行きわたらない時代においても、小学校就学率が全国に比べ

て高く、女子教育でも全国で最も多く高等女学校が設置されるなど、教育への熱心さは従前からあった。このような中で、「教育県岡山」としての県民の意識も形成されてきたのである[1]。

昭和30年代には現在と同じように全国的な学力調査が行われており、1961（昭和36）年度の調査では、岡山県の中学3年生の成績は、国語は61.8点で全国10位、数学は61.5点で全国8位という状況であった。しかしながら、その後、地域・学校間の競争激化などを理由に1964（昭和39）年度以降中止となっていた調査が、2007（平成19）年度に43年ぶりに実施されると、小学校では、全国平均に比して-6.2ポイントで全国39位、中学校では-3.5ポイントで全国38位という結果であり、岡山の人々が誇りにしていた「教育県岡山」の看板が大きくダメージを受けることになったのである。

そのような中で、石井正弘・前岡山県知事の時代の2012年に「全国学力・学習状況調査において、小中学校とも全国10位以内」という目標が掲げられ、学力向上施策が大きくクローズアップされることになる。加えて、同年に就任した伊原木隆太知事の下で、学力向上は「教育県岡山の復活」をキャッチフレーズとして、県が取り組むべき施策の一丁目一番地に位置付けられた。

この方針の下で、学習指導スタンダードや家庭学習スタンダードの作成、授業改革推進リーダー・推進員の配置、学力定着状況たしかめテスト（現・学力定着状況確認テスト）の実施など、今では多くの県でも実施されている取組が進められた。このような取組の結果、小学校では、全国学力・学習状況調査で全国平均を上回る年もあるなど成果は着実に見え始めていた。一方で、中学校では成果が十分に見られず、伸び悩んでいる状況であった。

岡山県の教育次長としての赴任に当たり、前任者からの引き継ぎは、全国10位以内という目標の実現に向けて、これまでの取組をより着実に前に進めていくというものであった。

（2）就任当初の思い

就任当初、国から県への出向者として自身に求められていることは何かと考えたときに、新しい視点でこれまでの取組を俯瞰し、必要な改善策を提案していくことであると考えた。一方で、これまで文部科学省で初等中等教育関係の業務に携わってきたものの、制度や予算的な業務が中心であり、必ずしも、学校現場でどのようにして学力向上を図っていくかということについて知見があるわけではなかった。ただ、他県出向者とのネットワークやこれまでの業務で培ってきた情報収集・分析の経験は、岡山県の教育行政に生かせるのではないかと考えた。

このため、まず取り組んだのは、学力向上が進んでいる県の取組を整理分析し、岡山県において有効であると考えられる取組を精査することである。まずは、各県の学力向上の取組が載っているホームページや各種書籍・新聞・雑誌記事等を丹念に調べるとともに、文部科学省から各都道府県に出向している人から聞き取りや他県への視察を行うことで、基本的な情報の整理を行った。この整理を行うことで、岡山県が抱えている課題や改善策が浮かび上がってきた。

一方で、単に全国10位以内という目標に突き進むということには疑問があったのは事実である。全国学力・学習状況調査で把握できる力は一部の能力だけであり、また、相対的に都道府県ごとの差は縮まっていたことから、単に順位を上げるという目標だけでよいのかという点は、就任以来気にかかっていた。このことは、就任当初から、教育委員会の職員と雑談などで話す中でも、疑問に思っていた人が少なからずいたのも事実であり、納得感のあるかたちで取組を進められるよう、どこかで方針を見直していくことが必要と感じていた。

（3）取組の視点

上記に掲げるような情報の整理分析や就任当初から持っていた考えをもとにして、学力向上については、次の３つの視点を中心に取り組んできた。

第一は、「学校経営と授業改善に向けた指導体制の強化」である。岡山県への赴任当初は、さまざまなネットワークを活用しながら、他県の情報収集を中心に行った。その際、特にこれまで学力が高いと言われていた秋田県や福井県だけでなく、近年、成果が出始めている地方自治体にも着目して整理分析を行った。その中で特に浮き彫りになったのは、これらの自治体では、県教育委員会が年複数回、学校を訪問し、学校経営に焦点を当てて指導を行っているという点である。岡山県ではこれまで、それぞれの教室での授業改善を中心に取組が進められてきたが、校長のリーダーシップが発揮されるよう、学校全体の学校経営にも、新たに光を当てることとし、そのための体制整備や支援に取り組んだ。

第二は、「学び続ける教職員の文化の醸成」という視点である。岡山県では教員の大量退職・大量採用も大きな課題の一つであった。そのような中、若手教職員の資質向上は大きな課題の一つになりつつあった。働き方改革やコロナなどで、大きく環境が変化する中、従前から脈々と受け継がれてきた学び続ける教職員の文化の継承・発展を、今こそ行わないといけない、5年後、10年後では遅いということを繰り返し教育関係者に話してきた。

第三は、「学力観の見直し」である。全国学力・学習状況調査での全国10位以内という目標については、各市町村教育委員会や学校の先生方と意見交換を行う中で、「基本的な知識・技能だけでなく、思考力・判断力・表現力も大事」「テストで測ることができない力もある」「そもそも全国10位以内に意味はあるのか」「学力、学力というけれども、もっと大切なことがあるのではないか」「国語や数学以外の教科担当は他人事だと思っている」など、さまざまな意見があった。

全国学力・学習状況調査は、基礎的な知識・技能や思考力・判断力・表現力など、テストで測ることのできる力を判別する際には有効な取組の一つであると思うが、一方で、子供たち一人ひとりの豊かな人生を実現するとともに、社会課題を発見し解決していくためには、これらにとどまらない多様な力も身に付けていかなければならない。

このような視点を県の方針として明確にしていくことで、より教育委員会の関係者や、学校現場の先生方の納得感が得られ、一体となって進めていくことができるのではないかと考えた。

このため、非認知能力の向上という視点から、「夢育（ゆめいく）」という岡山県独自の取組をスタートするとともに、学力と体力の一体的な向上を目指すこととした。

2 学校経営と授業改善に向けた指導体制の強化

（1）学校経営力の向上

岡山県では、これまで毎年、県教育委員会の幹部が県内すべての小中学校を年１回訪問し、校長との意識共有や優良な取組の把握、要望事項の確認を行っていた。これらの訪問は、教職経験のない行政職の職員も含めて行うものであり、学校経営の指導や改善に力点を置いたものでは必ずしもなかった。一方で、学力向上に力を入れて取り組んでいる県では、年複数回、県教育委員会が学校を訪問し、学校経営について焦点を当てて指導を行っていた。

千々布（2019）[2]の「教育委員会の指導体制の学校への影響過程」では、授業研究水準の向上と合わせて校長のリーダーシップが変容することが授業水準の向上、さらには児童生徒の学力向上につながることが示されてい

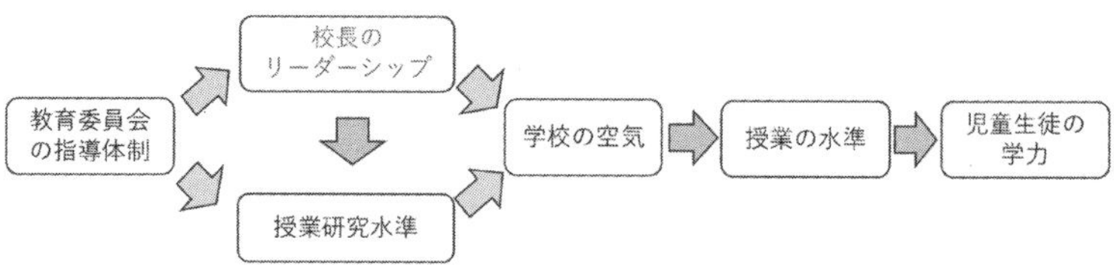

図１　教育委員会の指導体制の学校への影響過程

る。他県との取組の違いを照らし合わせる中で、この視点こそ従来の岡山県では十分に取り組まれていなかった点であり、現場の校長先生がリーダーシップを発揮できるように学校経営力を強化することと、一つひとつの学校に授業研究の文化を根付かせることの両面を重視しながら取り組むこととした。

その際、特に重視したポイントは３点である。

第一に、教員出身かつ可能な限り学校経営の経験がある者が訪問すること。そのため、教員出身の県教育委員会幹部に加え、小中学校の校長経験者３名を「学校経営アドバイザー」として任命し、岡山市を除く県内26市町村の小中学校約400校を手分けして訪問することとした。

第二に、年複数回訪問すること。これまでは年１回の訪問だったが、１学期に１回目、２学期に２回目の訪問を行い、特に要請のある学校については、年度末までに３回目の訪問を行うこととした。各校長が作成した「学校経営アクションプラン」をもとにして１回目の訪問で改善すべき状況について、２回目の訪問で進捗状況を確認することで、きめ細かな対応ができるようになった。

第三は、訪問時にすべての学級の授業参観を行うこと。これにより、学校全体でどのように学校経営に取り組んでいるかが明らかになる。その際には、指導主事が学校経営アドバイザーと一緒に回り、参観後に指導助言を行うこととした。これにより、指導主事は、経験豊富な学校経営アドバイザーによる学校経営改善や授業改善の話を間近で聞くことができるようになり、指導主事の力量アップにもつながるという副次的な効果もあった。

また、積極的に学校経営改善に取り組む校長のリーダーシップを支援するため、「学校経営推進加配」の仕組みも新たに設けた。岡山県では、教職員の加配措置は県教育委員会の教職員課が行っていたが、学力向上を直接担当する義務教育課が加配措置を行えるようにすることで、「学校経営アクションプラン」をより実効性のあるものとなるようにした。

（2）教育事務所の機能強化

加えて取り組んだのは教育事務所の機能強化である。就任と同じタイミングで、県教育委員会に「学力向上プロジェクトチーム」が立ち上げられた。同チームは、義務教育課長をチームリーダーとして、義務教育課、教職員課、教育事務所、総合教育センターの職員で構成された。これにより、学力向上に取り組む担当が週一回定期的に顔を合わせ、必要な情報共有をより円滑に行うことができるようになった。一方で、市町村教育委員会や学校に日常的に直接接する教育事務所の機能強化が急務となった。

岡山県には教育事務所は岡山、津山の２か所のみ（従前は４か所）であり、県南部を中心に所管する岡山教育事務所は約300校を担当していた。当時調べたデータによると、全国平均では、一事務所当たり94校であるので、岡山教育事務所はこれらの３倍以上の学校を一つの教育事務所で担当していたことになる。さらに、年度後半は人事関係業務で手いっぱいとなり、指導業務が十分にできないという声も聞いていた。

このような状況を踏まえて、2020（令和２）年度より、県総合教育センターに配置していた指導主事数名を教育事務所に配置換えすることにより、各教育事務所による指導体制を強化した。この組織再編は、これまで県総合教育センターで実施していた集合研修の一部を縮小し、学校の実態に応じた授業改善を進めるための校内研修を充実することで、学力向上につなげることを狙いとしたものである。これにより、年複数回の学校訪問等において、よりきめ細かな指導を行うことができるようになった。

（3）さらなる授業改善に向けて

先述の通り、従前より学習指導や家庭学習について県独自のスタンダードを作成し、周知を図ってきたところであるが、よりその質を高めるため、増補版を作成した。

学習指導スタンダードの増補版では、「児童生徒が主役となる授業づくり」と「全体を見通した単元計画」を軸として、子供たちが自ら考え、自身の学びを振り返りながら、学習に取り組めるようにする指導を明確化するとともに、単元で児童生徒が身に付けるべき学習内容を確認し、評価基準を設定した上で、ゴールイメージを明確にしながら、主たる学習活動を計画することで、見通しのある単元計画を立てることが重要である旨を示している。

さらに、家庭学習については、C（Cycle）とF（Feedback）の実践として、授業、家庭学習、小テスト、補充学習を一つのサイクルと捉え、短いサイクルで定着の確認を行うとともに、丁寧なフィードバックを行うことで児童生徒の意欲向上を図ることを示している。

3 学び続ける教職員の文化の醸成

全国的な傾向と同様に、岡山県でも教員の大量退職・大量採用の時代に入っている。短期間で多くの教職員が入れ替わり、働き方改革で勤務内容や時間の捉え方が変わっていく中で、教職員の学びに関する文化も変わりつつあった。県内の多くの市町村教育委員会の教育長や校長と意見交換をする中で「以前は、教職員同士が自主的に学び合う機会が多くあったが最近は少なくなっている」という声や、「これまでのように勤務時間の内外に先輩に相談しながら若手が学ぶ風景が学校現場から徐々に減っている」という声をさまざまな方から伺った。働き方改革自体は魅力ある職場環境をつくっていくためにも一層進めていくべきであるが、一方でこれまで長い時間をかけて培われてきた学び続ける教職員の文化をしっかり継承・発展していくことも、このタイミングでこそ必要ではないかと思う。秋田県や福井県では教員の授業研究の意識（教員たちは授業研究に意欲を持って取り組んでいる、指導案の検討会により皆が高まっている実感がある、指導案の検討過程で管理職が相談に乗ってくれる、研究授業後の検討会では真摯な議論が展開されている、授業研究にはやらされ感がない）が他県に比べて高いというデータもある[3]。

このようなことを踏まえ、教育委員会や学校関係者と意見交換をする際には、「教職員が学び続ける文化を根付かせるのは今しかない」ということを繰り返し述べてきた。この環境を醸成するため、福井県で従前から行われてきた「タテ持ち」の実践校を設けるとともに、先進県への教員派遣、自主研修の取組推進などを進めることとした。

（1）タテ持ちの実践

第一が「タテ持ち」の実践である。一般的な中学校では教科担当教員が１学年ごとに担当しているが、「タテ持ち」では複数学年を担当することにより、教員同士で知識が共有され、授業づくりの負担が軽くなるとともに、教員一人で学年の責任を持つ「ヨコ持ち」よりも精神的な負担が軽く、授業の質も複数の教員でつくる「タテ持ち」の方が高くなる効果もあると言われている[4]。初年度は県内２校でスタートし、教科会の持ち方や教育課程編成・時間割の工夫、授業改善のポイントなどの効果的な方法について研究が行われた。実践校では、若手も年配教員も一緒になって授業改善について議論が交わされる中で、若手教員がみるみるうちに力を付けていったという話も伺った。教員の入れ替わりが大きい時期だからこそ、このような取組を通じて、若手教員の指導力向上を図っていくことが必要と考える。

（2）先進県への教員派遣

第二が先進県への教員派遣である。これまで岡山県では近隣県である広島県や香川県、鳥取県との間で人事交流を行っていたが、これらは学校から他県に直接派遣し、終了後はまた岡山県内の学校に戻ることが多く、他県で得た知見や経験を共有し、県全体の教職員の資質向上に反映する仕組みはなかった。秋田県で行われた研究会に参加した際。ある自治体では、毎年、年 10 人ほど秋田に短期派遣し、その取組が 10 年ほど続いており、これまでに秋田県を訪問した教員は 100 人を超えているという話を伺った。全く違う県の取組だからこそ、これまで当たり前と思っていたことを見直したり、新たな気付きも得られるのではないかと思う。このような観点から、秋田県に義務教育課の指導主事を教員として派遣することとした。当初の計画では、現地に派遣された職員が核となって、複数名の教員の短期派遣も想定していたが、コロナ禍の影響もあり、在任時には実現することはできなかった。一方で、秋田県に派遣した教員に、逐次、オンラインでの研修講師として参加してもらったり、県内関係機関向けのレポートを作成・配布してもらったりすることを通じて、現地で得られた知見や成果等を随時フィードバックしてもらうようにした。指導主事を派遣することで、教育的な視点はもとより、行政的な視点からも先進県である秋田県の取組を十分に研究してもらうことができたのではないかと思う（なお、この取組は現在も続いており、2024（令和６）年度には５人目が派遣されている）。

（３）自主研修の取組支援

第三に取り組んだのが、自主研修の取組支援である。教員研修には、総合教育センターなどが行う官製研修、それぞれの学校で行われる校内研修及び人材育成、そして自主研修がある。県内の市町村教育長や校長から、昔は若手職員が集まって勉強していたが最近は減ったという声をよく聞いた。多くの教職員が大量退職・大量採用で入れ替わる今だからこそ、教職員自身が自発的に学び続ける環境を継承していくことが必要である。2020（令和２）年度からは、岡山県教職員互助組合において、「グループ研さん活動助成」の仕組みが設けられ、自主勉強会等の開催に当たり、一定の支援を受けられるようになった。外部講師の謝金・旅費や、Web 会議の費用等も対象となっている。こういった支援等を通じて、次の時代を担う若手教員たちによって、従来の岡山県で脈々と受け継がれてきた学び続ける教職員の文化が継承されていってほしいと思う。

4 学力観の見直し

（1）非認知能力の向上

学習指導要領には、いわゆる学力の３要素として、①基礎的な知識・技能、②思考力・判断力・表現力等、③学びに向かう力・人間性が示されている。これまで岡山県が進めてきた学力向上の取組は、テスト等で測ることのできる力、いわゆる認知能力として、基礎的な知識・技能の習得や思考力・判断力・表現力に焦点が当てられていた。

一方で、学びに向かう力や人間性といった、テスト等では測ることのできない力、いわゆる「非認知能力」をどのように育んでいくのかということにも、もっと焦点を当てるべきではないかと考えていた。ちょうど、県の総合計画である「晴れの国おかやま生き活きプラン」の見直しが始まるタイミングであったこともあり、この非認知能力向上に向けた方策として、「夢育（ゆめいく）」という取組をスタートした。

その際、この非認知能力をどう整理してわかりやすく示していくのかという点ではさまざまな検討を行った。そのような中、中山（2018）[5]を参考に、自分の内面に関わる「対自的な力」と他者と関わる「対他的な力」の二つに大別した上で、以下の能力群の整理を行った。

①自分を維持・調整するための対自的な能力群＝「自分と向き合う力」（自制心や忍耐力、レジリエンス（回復力）など）

②自分を変革・向上するための対自的な能力群＝「自分を高める力」（意欲や向上心、自信・自尊感情、楽観性など）

③他者と協調・協働するための対他的な能力群＝「他者とつながる力」（共感性、協調性、社交性、コミュニケーション力など）

岡山県では、これらに加え、

④地域の中で主体的に課題発見・解決に取り組んでいくための対他的な能力群＝「地域とつながる力」（郷土愛、当事者性）

を位置付けた。

特に、この中でも「自分を高める力」に力点を置いて取組を進めている。このような力を伸ばすためには、学校教育の場だけでなく、社会教育や家庭教育も含めて総合的に学びの機会を提供していくことが重要であり、意欲的な学び（インプット）と行動や発信（アウトプット）を繰り返し、逆円錐型のらせん状に昇華させていくことで子供たちの学びの幅や深みも広がっていくと考えている。

この夢育を推進するための取組の一つとして、小中学生が、地域の自然・文化・産業・歴史・偉人など地域のよさを発見・再確認し、郷土に対する愛着や誇りを育んだり、今はできなくても実現したい夢や目標を見付け、その実現に向けた挑戦を後押しすることを目指して、岡山県や居住する地域を題材とした学習成果を表彰する「おかやま学び大賞」という取組をスタートしている。また、高校においても、県立高校の生徒が各校で取り組んでいる探究活動の成果を発表し、他校と取組を共有することで、一人ひとりの夢を育むことを目的とした「高校生探究フォーラム」という取組も始まっている。さらに、子供たちが主体的かつ探究的に学ぶための学習方法を体系的に整理した「岡山型 PBL ガイドブック」も作成され普及啓発が図られている。このような取組を通じて、多くの子供たちが、主体的に身近なところから課題を発見し、家庭や学校だけでなく、地域の多様な人々と協働しながら、実践を行っていくことで、課題解決に向けた思考力を育んでほしいと思う。

（2）学力と体力の一体的な向上

岡山県に赴任して以来、気になっていたことの一つが子供たちの体力低下である。岡山県では全国体力・運動能力、運動習慣等調査において、これまで全国的に高い水準にあったが、近年、低下してきている状況にあった。特に、運動する子供としない子供の二極化の問題や、教員の入れ替わりが進む中で、小学校では体育指導に課題を感じている教員も多くなってきていた。

他県の取組を調べていく中で、学力向上で成果が上がっている県の多くでは、学力向上と体力向上の二本柱で施策を進めていることが明らかとなった。各学校において学力向上と体力向上を一体的に進めることで、学校全体で大きな目標に向かうことができ、何よりも子供たちの健全な育成にもつながるのではないかと思う。このような視点で、県教育委員会内での議論でも体力向上の必要性について繰り返し述べ、多くの方々に賛同いただき、新たな県の総合計画においても、体力向上が学力向上と合わせてしっかりと重点戦略として位置付けられることとなった。

具体的な取組として、上述のように体育指導に課題を抱える教員も増える中、運動に苦手意識を持っている子供たちに運動の楽しさに気付いてもらうためには、高い指導力が必要であることから、楽しく魅力的な授業への改善・指導力向上を図るため、指導主事や外部人材を学校現場に派遣する取組を新たにスタートした。また、これまで岡山県では運動能力の高い子供たちがもらえる「Aバッジ」というものがあったが、これに加えて、子供たちの「伸び」や「頑張り」を評価する体力アップ・マイベストチャレンジという取組もスタートした。これまでどうしても運動能力の高い子供だけが評価されてきた中、子供たちの伸びや努力を評価する仕組みは、体力だけでなく、学力向上にも今後応用できるのではないかと思う。

（3）全国10位以内という目標の見直し

2012年以来岡山県では、「全国10位以内」を目標に学力向上の取組が進められてきた。これにより、授業改善が着実に進められ、結果として全国平均から大きく水をあけられていた状況は、全国平均を上回る科目も出るなど、状況は大きく改善された。そういった意味で、このような目標設定には意義があったと思う。一方で、この10位以内という目標については疑問の声があったのも事実である。2017年度からは国の調査結果において、各地方自治体の正答率を四捨五入することになり、多くの自治体が同一の順位で集中することとなった。

このことを踏まえ、2021年度より、県で従来より示してきた「全国10位以内」という目標を改め、「全国平均正答率との差」を小中ともにプラス1ポイントという指標に見直すことになった。今後、この新たな学力向上の目標に向けて、学校経営力向上や授業改善の取組がより一層進んでいくことを期待している。

5 おわりに

平成から令和へと時代が移っていく中で、岡山県の教育政策も大きく変革した。学力向上の旗は引き続きしっかり中心に立てつつも、これまでの全国学力10位以内という目標を改め、その視点も授業改善だけでなく、学校経営力向上にも力を入れるとともに、非認知能力や体力向上なども重要施策に位置付けた。

これらの新たな方針を短期間のうちに示すことができ、前を向いて進み続けているのは、県教育委員会の職員をはじめとした関係者の専門性と熱意、さらには新たなものを積極的に取り入れ、実践してみようとするチャレンジ精神があったからこそと考えている。

千々布敏弥・国立教育政策研究所総括研究官からは、岡山県の改革の本質は、専門家資本にある[6]との言葉もいただいた。確かに、今思い返すと、私自身も次長として勤務しながらさまざまな場面でそのことを実感する場面に出会った。もちろん、これらは目に見えるものばかりではないが、例えば、学校訪問一つとっても、私が岡山を離任した翌年度から、県教育委員会のすべての指導主事がタブレット端末を持ち込み、よい事例の写真を見せながら、学校への指導助言を行うことで、より質の高い指導が行われていると聞いている。

さらに、学校教育の枠組みにとどまらず、地域学校協働活動についても多くの実践が行われており、熊谷（2023）[7]では、県教育委員会や市町村教育委員会の職員、学校現場の先生方の執筆により実践的な事例が多数紹介されている。

鍵本芳明教育長（2024年3月退任）はよく「頭を揃える」という言葉を使っていたが、まさに、学校・地域の関係者が一体となって頭を揃えて取り組むことで、閑谷学校設立の時代から連綿と受け継がれてきた、地域の要請も踏まえた学習者の学習意欲に応える学びが実現するのではないかと思う。ただ、教育行政にゴールはない。常に新たな視点も取り込みながら、今ある取組をさらにパワーアップさせ、子供たちが資質・能力を最大限発揮できる教育の実現に向けて、引き続き取り組んでいただきたいと思う。

※　本稿では紙面の都合上、岡山県の学力向上の取組のエッセンスをお伝えするにとどまったが、学力向上の取組の詳細や不登校対策、GIGAスクール、コロナ禍での取組については、髙見（2022）[6]もご参照いただければと思う。なお、本稿では在任中の教育改革を取り上げたが、ここに記載した内容は、言うまでもなく、県教育委員会の職員全員が長い年月をかけて、県全体の教育の振興を目指して取り組んできた成果の積み重ねであることを申し添える。

《注》

1　岡山県教育委員会『「教育県岡山」の成り立ちとこれから～新しい教育を岡山から～』2021年

2　千々布敏弥編『学力がぐんぐん上がる急上昇県のひみつ』教育開発研究所、2019年

3　『「地域とともにある学校」の推進に向けた教育行政の在り方に関する調査研究（報告書）』国立教育政策研究所、2015年

4　福井らしさを探る会編著『福井県教育力の秘密　県外から来た教師だからわかった』学研プラス、2015年

5　中山芳一『学力テストで測れない非認知能力が子どもを伸ばす』東京書籍、2018年

6　髙見英樹『教育県岡山の復活に向けて　全国学力テスト下位から上位への飛躍と夢育の実現』悠光堂、2022年

7　熊谷愼之輔編著『岡山発！地域学校協働の実践と協創的教員養成　「社会に開かれた教育課程」の実現に向けて』福村出版、2023年

CHANGE from 熊本県

義務教育課長の席から見えたもの、始めたこと、望んだこと

竹中 千尋
2008年入省
現在、大臣官房政策課課長補佐／税制専門官
熊本県教育委員会市町村教育局義務教育課長（2020 － 2022）
教育政策課長（2022 － 2023）

1 はじめに

「４月１日付けで熊本県教育委員会義務教育課長へ出向してもらう」との内示を受けたのは、2020（令和２）年３月に入ってからであったが、これには少なからずの衝撃を受けた。というのも、文部省（文部科学省）から熊本県教育委員会への出向先ポストは、昭和30年代からこれまで、体育保健課長または社会教育課長に限られており、義務教育課長は初めてだったからである。

何か理由があるのかと思い、2007（平成19）年度から行われている全国学力・学習状況調査の結果を見てみると、熊本県は、各教科ともに小学校は全国平均程度の横ばい、中学校は全国平均をかつては上回っていたものの、毎年度下降が続き、ここ数年は全国平均に満たない状況であった。

これだけで出向ポストが決められたわけではないと思ったが、成果をしっかりと出すことを求められているように感じて、身の引き締まる思いがした。

2 仕事の軸を決める

着任は2020（令和２）年４月。新型コロナウイルスの感染が広がっていた時期であり、教育委員会のさまざまな業務も、前年度末の一斉休校の影響や今後どうなるかという不安の中で進められていた。

上司や前任者から「これをやってほしい」との具体の指示を受けることはなかったが、「学力向上に限らず、外から来た者でしかできないこと」に手を付けることが、自らの役割だと考えた。

とは言うものの、自分一人で施策を考えることはできるが、施策は持続的に進めなければ意味がないし、そもそも進む方向が誤っているときにきちんと進言してくれる人がいない限り、結果を出すことは不可能だ。外から来た者の視点で見えることがある一方で、中に長年いるからこそわかっていることも多くある。課をマネジメントする立場として、一緒に働く人と信頼関係を築き、一人ひとりが自分の役割を前向きに捉えて、主体性を持ってもらうことで、高いパフォーマンスを出すよう心がけることとした。

3 教育委員会の雰囲気に触れる

教育委員会で仕事をし始めると、次のようなことを感じることが多くあった。

まずは、指導主事の専門性の高さと責任感の大きさ。特に専門教科に関する教材や指導法については、指導主事は幅広い知識を持っている。また、どんなに小さい仕事も手を抜くことなく、丁寧に処理する印象を受けた。

その一方で、細かいところまで気にするあまり、一番伝えたい内容がぼやけてしまうような資料や説明も見られた。

また、指導主事として教育委員会に着任する方は、勤務校のみならずその地域のエースとして活躍されていた方ばかりであるが、行政の仕事に携わるのは初めてのため、いわば転職したようなものであり、着任して数か月はできないことやわからないことだらけの仕事に戸惑う様子が散見された。

行政の立場からすれば、学校現場で活躍していたそのような方を引き抜いたからには、専門性をしっかりと発揮できる仕事を割り振り、これまで得てきた知見を現場の先生方に還元してもらう必要がある。そのために、行政職でも処理できるような仕事は指導主事から行政職に担当を移し、指導主事でしかできないことに専念してもらったり、現場に出向く機会を増やしたりすることとした。

あと一つ、仕事をし始めて感じたことを挙げるとすれば、それは、指導主事一人ひとりの色をもっと出してほしいということ。学力の育成に限らず教育活動は人同士の営みであるので、これをやればいいという正解はない。教育委員会においても、それぞれの経験や考えを出し合い、試行錯誤しながら、よりよい施策をつくっていく必要がある。行政は学校以上に組織で仕事を進めることが多いので、どうしても上司の考えが色濃く反映されがちだが、上司のチェックを受けた原稿を研修会でそのまま読んでも聞いている人の心には響かない。そのため私は、例えば、日常の業務中、指導主事が上司である班長や補佐のもっともな指摘を受けている様子を横でこっそり聞きつつ、自分のところに上げられてきたものについて、「これは満遍なくポイントが押さえられていてよい資料だが、パッと見ると何が一番大事なのかよくわからない。○○さんが必ず伝えたいと思うところを抜き出したものをもう一度持ってきてほしい」などと言って、指導主事の方に自分自身で考えてもらう機会を意図的に多くつくるようにした。

4　県が抱える問題点を探る

県内の学校は、前年度末の休校を終えて、2020（令和２）年度は当初から再開したが、コロナウイルスの感染が広がり、４月中旬から再度臨時休校となってしまった。教育委員会においても、例年であれば春先に多く開催される市町村教育長や校長先生方との懇親会も軒並み中止。学校現場の実情やそこに近くで関わっている方の本音を聞く機会がない状況であった。そのような状況でも、一緒に働いている課内の方と話していると、およそ次のようなことが熊本県の教育関係者の間では「それはよくあることだよね」と認識されていることがわかってきた。

①課題がなかなか解決しない

②荒れの時代を経験してきた

③部活動が盛ん

①については、大きく２つの側面があり、一つは、学校の管理職や教員に対しての経営や授業改善に関する指導の成果が表れづらいこと。もう一つは主に学力のことであり、例えば、県の学力調査において、錐体と柱体の体積の関係を尋ねる問題の正答率が低かったため、指導の重点事項として、指導例も付けた上で県内の学校に周知した。しかし、翌年度に同様の出題をしたところ、相変わらずの結果だったというものである。

②については、荒れの時代の名残として、教員主導による講義型の授業進行が挙げられる。私も何度か学校視察の際に実際に見たが、生徒は落ち着いて授業を受けている。が、落ち着いて教員の話を聞いているだけの時間が長い。その理由を訪問した学校の校長に尋ねると、教室の凹んだ壁を示され、「かつてこの学校は非常に荒れていた。生徒にグループワークをさせると授業とは関係ない話を始めたり、立ち歩いたりすることを危惧している」との回答が返ってきた。過去の出来事によってもたらされた教員側の防衛的な考えが、現在の子供の学びに響いてしまっている現状があった。

③については、熊本県は、昔から部活動に力を入れて取り組んでいたようである。スポーツ推薦で私立高校に進学する生徒も多く、先輩のそのような進学を見た生徒だけでなく一部の保護者にも、学習よりも部活動を重視するという考えがあるようだった。全国学力・学習状況調査において、特に中学校の成績が芳しくない一因としても捉えられている。

また、これら以外にも、コロナ禍の際は、市町村教育委員会からは標準授業時数や出席日数などについて問い合わせを受けることが多かったことも印象に残っている。本質は、授業の内容や子供がどれだけ学習内容を習得したのかが問われるべきところであるが、外形的なことを気にかけてしまっている現場の意識と、それを生み出してしまっている要因の一つであろう教育委員会の指導の在り方に疑問を感じた。

5 何でもやる

学校の役割は学力向上を果たすことだけではないが、基礎学力の保障は義務教育において決して疎かにしてはいけないことであり、課題を抱えているのであれば、真正面から取り組むほかない。

これまでも、教育委員会はカリキュラムマネジメントや授業改善の推進に取り組み、学びの充実に取り組んできており、私が着任した際は、現場に理解･浸透させている段階であった。そのため､それを土台にしながら、教育委員会を挙げて学力定着・向上に今一度取り組むことを示した。限られた任期であり、絶対に悔いを残したくなかったので、子供たち一人ひとりが力を付けるために必要だと思ったことは、何でもやることとした。

（1）学校訪問体制の見直し

県教育委員会や教育事務所が市町村教育委員会と連携して行う学校訪問は、学校の教育水準の維持向上と管理運営の適正化を図る重要な機会である｡学校自身においても､日頃から取り組んでいることを振り返った上で、その方法や効果などを見つめ直すきっかけになっている。しかし、人員や時間などの制約上、熊本県では３年ごとの訪問となっており、諸表簿の点検に時間を取られ、校長の学校経営や教員一人ひとりの教科指導に関する指導助言に十分な時間を充てることが難しい場合があった。そのため、学校訪問について、他県の事例も参考にして、主に次の４点の改善を図ることとした。

１つ目は、点検する諸表簿点検の焦点化・重点化。当日に点検する出勤簿や週案、指導要録など以外のもの、例えば○○教育に関する指導計画などは事前に点検したり、市町村教育委員会に点検を任せたり、場合によっては有無のみの確認にとどめたりするようにした。学校はすべてのことを完璧に仕上げようとする文化があり、それは大切なことではあるが、時間や労力には限りがある。何事もメリハリを付けて、対処する姿勢が必要であることを示した。

２つ目は、学校規模に応じた訪問日程の設定。教員に対しての指導助言の時間を十分に確保するため、訪問日程を固定化することなく、柔軟に設定してよいこととした。各教科の専門性を有する指導主事からマンツーマンの助言を受けることができる貴重な機会はすべての教員に平等に与えなければならない。

３つ目は、学校経営に対する校長への指導助言の充実。校長からの説明、それに対する質問や指導助言の時間をしっかりと取るようにした。学校経営方針、学力向上対策、いじめ・不登校対策、不祥事防止対策及び人材育成の取組の計５項目については、説明必須として、校長の考え及び取組の内容を特に詳細に聞き取り、指導助言を行うこととした。

４つ目は、継続した指導助言の取組。特に大きな課題が見られた学校に対しては、再度訪問して、課題の改善状況を確認するなど指導助言を継続的に行うこととした。これまでも事実上行われてきたことではあるが、通知に規定することにより、改善を図るまで教育委員会が学校に寄り添うことを明確化した。

学校訪問は、特に学校にとっては準備することも多く、つつがなく終わってほしいと考えているところが多いと思う。だからこそ、学校が「いろいろと大変だったけれど、訪問を受けてよかった」と思えるように、学校を訪問する立場としては、訪問校の姿を必ずよくするという責任感を持って、相手方の実態や能力に応じた個別具体的な助言を行うことを心がけるとともに、必要に応じて訪問後もフォローを継続しなければならない。

（2）校長会での訴え

県の学力データを分析すると、２つの大きな特徴が見られた。一つは、小学校において定着していた学力が、中学校に進学すると大きく下がること。もう一つは、学年が上がるに連れ、積み上げ型教科とされる数学や英語の学力が下がっていることである。

これは、内容が難しくなる中学校の授業において、特に１年生のときにその後の学習の土台となる基礎的事項や学習習慣をしっかり身に付かせていないことの表れと受け止めるしかない。

最初は理解できないことでも、理解の度合いを高められるように、教員が子供に寄り添えば、子供は学習に向かう気持ちが生まれ、理解できたことにより、達成感や自己肯定感を得ることができる。しかし、理解できないことをそのままにさせておくと、子供は「先生から何も言われない。できないままでもいいんだ」と思ってしまう。

学校はいわゆる勉強だけをする場所ではないし、勉強以外にも大切なことはたくさんある。しかし、教員が一番大切にしなければならないのはやはり授業であると思う。授業を通じて、学力や自立して生きていくために必要な力を育む役割を学校は担っているはずだ。学校として、子供の学習にどのように向き合っているのか、学習への意欲をどのように持たせているのかという姿勢が問われているのではないか。

学校を預かっている校長がこのことを理解して、学校全体に浸透させる行動に移さなければ、学力が低迷している長年の状況は改善しない。そのため、県教育委員会から学校に方針を伝える際、通常は教育事務所や市町村教育委員会を通すが、こちらの真意や熱量を感じてもらうためには、校長と対面して直接訴えることが必要と考え、各管内で開催されている校長会会議で時間をいただき、自分の思いを述べる機会をつくった。

本当は、まずは各学校を直接所管する市町村の教育長と話して、教育委員会の方針について理解してもらった方が、学校の様子をこちらと同じ視点で見てもらうためにもよかったのかもしれない。その一方で、文部科学省からの出向者として初めて義務教育課長に就いた自分の人となりを、行政関係者だけでなく校長まで感じてもらうためにも、あのような機会をつくったことはそれなりの意味があったとも思っている。

なお､着任から１年が経ち､コロナの感染が少し落ち着いた頃を見計らって、県内45市町村の全教育長のところへ、上司と共に挨拶に回った。

（3）学力定着・向上のための具体的取組の提示

校長会で心構え的なことは伝えたが、精神論だけ唱えても前に進まないため、次に、皆が同じ方向を向いて、同じレベルでやるべきことを示すこととした。

どのようなことを示すべきか。まず自ら考え、課内でも話し合い、実際の授業を見に行き、研究指定校の成果物を見た。率直に言って授業の質は教員によってさまざまであり、子供が頭をほとんど働かせないまま終わってしまう授業も散見されたが、どの授業でも教員はその教員なりに子供と向き合っている。研究も課題意識を持って真面目に取り組んだことが伝わってくる。しかし、授業や研究をどんなに一生懸命やったとしても、それらを通じて子供が力を付けることにつながらなければ意味がないのではないか。さらに言えば、日常の取組が一定のレベルで習慣化していなければならないし、子供一人ひとりに対して向き合う質や量もこれまで以上に求められている。そのためには、学校は、これまでの経験に頼るだけでなく、アップデートしていかなければならない。

そのような考えに基づいて､２本の柱で構成した「アクション･プロジェクト」を作成した。

柱１：誰一人取り残さない学びの保障

重点取組：個に応じた指導・習熟度別指導の拡充、読み・書き・計算の習得の徹底、定着確認の徹底、読解力向上の取組実践

柱２：教員一人ひとりの授業力向上

重点取組：学校運営に関する助言の強化、授業観察の習慣化、校内研修内容の重点化、構想・省察の習慣化

一つ目の柱は、達成感や学習意欲が生まれるように、「わかる·できる」まで一人ひとりに関わることを目指した。部活動では、例えば、テニスの練習試合でバックハンドがうまく打てずに負けてしまったら、次の試合や大会に向けて、バックハンドをしっかり打てるように集中的に練習するのが普通だ。しかし、学習になると、テストで解けなかった問題を、子供も教員もなぜかそのままにしてしまうことが多い。これでは子供はいつまで経っても学ぶ意義や楽しさを感じることはできない。この柱には、教員は授業をすることだけが仕事ではなく、「わかる・できる」まで導くことが役割であるというメッセージを込めた。

２つ目の柱は、授業力を向上させるために、教員だけでなく、行政や学校管理職も一体となって、それぞれの役割を果たすことを打ち出した。校長や教頭も、全員が最初からマネジメントに長けているわけではないため、教育事務所や市町村教育委員会に対しては、今まで以上に、先述した学校訪問の機会だけでなく、日頃から校長が困っていることなどを把握して随時アドバイスしていくことを求めた。

学校管理職に対しては、各々の教員の授業を週に１コマ程度は見て、助言を行うことを習慣化することと、学校が抱える課題のうち、特に早急な対応が必要な事案に焦点を当てた校内研修を行うことの２つを求めた。

授業観察については、学校の規模や状況によっては週に１コマを見ることは厳しいところがあるかもしれない。しかし、スーパーマーケットの店長が、商品や来店する客の反応をチェックしないことはあり得ないように、校長が授業やそれを受けている子供の様子を見回らないことは考えられない。教育の質を高めるために、授業の様子を見て、気が付いたことなどについて教員とコミュニケーションを取ることは、校長の重要な職務であることに言及した。合わせて、各教員の人事評価において、授業改善に

関して記述することを必須化して、校長が各教員の授業改善に関わる仕組みを設けた。

校内研修については、研修に充てられる時間は限られており、研修を受けても後に残らなければ意味がないため、多くのことに手を出すのではなく、学校が抱えている課題や、教員が困っている事柄に絞り込み、研修したことについて理解・習得して、明日からの行動につなげられるような研修とするように打ち出した。広く浅くではなく、狭く深く。

教員に対しては、授業開始前の構想と、終わった後に省察することを求めた。構想に関しては、具体的には、単元のまとまりを見通して、単元におけるゴールの姿を実現させるために必要な学習課題や学習活動を設定し、学習過程を構想すること。省察に関しては、単なる反省ではなく、授業や単元でうまくいったことや、逆に足りなかったことを振り返り、その要因を考え、次の実践に移すことと定義した。授業ごとに省察を繰り返せば、1週間でも20個程度の「次はこうやってみよう」が生まれる。その積み重ねが、教員の指導力向上をもたらし、子供たちの「わかった・できた」につながると確信している。

（4）オンライン研修会

ある学校における公開授業後の分科会で、多くの教員が「もっとこうした方がいい」と活発に意見を出し合っている様子を見た当時の教育長から、教員が学べる機会をもっと増やすことができないかとの指摘を受けた。

折しもコロナ禍であり、顔を合わせて研修する形態を頻繁に設けることは難しかったことから、ある管内で行っていたオンライン研修会の取組を参考にして、同様の取組を行うこととした。

熊本県は小規模校がそれなりにあり、校内に同じ教科担当がいない学校も珍しくないことから、教材研究について気軽に相談できる環境ではなく、以前は活発に行われていた教科サークルも最近はあまり活動していない状況にあった。

そのため、各教科において授業の悩みなどについて気軽に意見交換し、解決のヒントやアイデアを得たり、教員間の横のつながりをつくったりすることを目的として、オンライン研修会を始めることとした。

内容は毎年ブラッシュアップさせていき、2023（令和５）年度は、すぐに生かせる授業実践のワンポイントを指導主事が紹介したり、普段どのようなことを意識しているか指導教諭から学んだり、全国学力・学習状況調査や高校入試問題から授業内容をどのように構成したらいいのかを話し合ったりするプログラムとなっている。

（5）学力向上重点支援地域

学力向上は、いつの時代においても、どの県においても課題と言われ続けており、これはこの先もずっと変わらないだろう。程度の差はあるだろうが、子供に学力を身に付けさせるための努力をしていない学校はなく、教員も子供たちも皆、授業や家庭学習などを通じて学力の定着に日々取り組んでいる。

しかし、日頃から満遍なく行っているからこそ、どの取組が学力の定着や向上に特に効果的であるかについて、教育委員会も現場も確たるデータや実感を持っていないのではないか。教育委員会としては、管内の研修会で全般的な学力向上方策について講演したり、学校に呼ばれた際は指導助言したりする機会はあるが、１回限りではその学校が抱えている潜在的な課題を踏まえた具体的な助言を行うことは困難であり、学校の受け止めもそれなりの程度にしかならないだろう。

これらの問題意識から、学力向上に集中的に取り組むと自発的に手を挙げた県内の３地域（小学校と中学校が一体的な取組を行うことが重要であることから、原則として中学校区単位）を重点支援地域として、県教育委員会が任命した学校管理職OBである学力向上アドバイザーを定期的に派遣することとした。学力向上アドバイザーは、若手の授業改善だけでなく、校長の学校経営にも必要な指導助言を行うことで、校長によるマネジメントを強化して、学校総体としての取組となるよう心がけるようにした。

また、義務教育課の指導主事にも担当地域を割り振り、地域の事情や各教員の得手不得手をしっかりと把握させて、学校の実践にどっぷりと入り込むことにより、職務に対する責任感を持たせるようにした。

学力向上に限らず、教育委員会が施策を進める上で大切なことは、現場の実践に任せっきりにするのではなく、うまくいっていることもそうでないことも紙による報告だけでなく、自分の目や耳で把握することではないか。その繰り返しにより、物事を多面的に捉えることができ、よりよい施策の立案に生かされるのではないだろうかと思う。

中途半端に取り組んだことから浮かび上がる課題は、その原因が施策自体にあったのか、または取り組み方が不十分だったのか、どちらか判別できない。重点支援地域において本気で取り組んだ結果から得られた成功や失敗を生かして、行政と現場が遠慮し合うことなく、子供たちのためにできることを話し合い、考えて、行動に移し続けていくことを願っている。

6 考えていたことをかたちにする

義務教育課長としては、これらの取組のほかに、幼児教育と小学校教育の円滑な接続を目指したり、県立夜間中学の設置に向けて突進したりと、教育委員会に出向する際に密かにやりたいと思っていた仕事に携わることもできた。

また、ありがたいことに３年目は教育政策課長として、教育委員会各課の施策の取りまとめの任に当たらせていただいた。「教育は人なり」と言われている通り、教育の行方には教員の資質や力量が大きな影響を与える。研修等の指導的な観点だけではなく、採用や異動等の管理的な観点から教育の充実を図ることはできないだろうかと考えていたこともあり、筆頭課としての立場を活用して、人事担当課とともに立案した学校事務職員の教員派遣について、ここでは紹介したい。

この施策の背景としては、資質や家庭環境などが異なる子供が混在する学校において、個別最適な学びや保護者対応などを含むさまざまな課題に対応するためには、教員も、新卒だけではなく、さまざまなバックグラウンドを持った多様な人材で構成されるべきではないかという問題意識がある。依然として新卒や講師経験者の採用に大きく依存している現状に一石を投じ、社会人経験者採用の活性化の足がかりをつくりたい思いがあった。実際に、私の周囲には、子育てをする中で、教育の重要性を認識して、事情が許せば教員になりたいと思っている人が複数いたほか、役人を辞めて教員の道に進んだ人もいた。

学校現場のことを熟知している事務職員であれば、比較的短期間で教員集団に溶け込むことができ、職場の活性化も図れるのではないかと思い、教育委員会に勤務する事務職員に対して募集をかけた。予想よりも多い好意的な反応があり、結果として２人を教育センターで２か月間ほど集中的に研修を受けてもらった上で、2023（令和５）年４月から、３年を限度として中学校と特別支援学校にそれぞれ教員として派遣した。大変なことはそれなりにあるようだが、目の前にいる子供たちのために働くことができる喜びを感じながら、一生懸命頑張っていると聞いている。

このほか、校種間の人事交流や広域異動についても、教員が成長する機会を設ける観点から、もっと積極的に行うべきだと考えていたが、ただでさえ多忙な勤務状況などを踏まえると、一気に進めることはなかなか難しかった。しかし、教員の理解を得るところから始めつつ、着実に前に進めてほしいと強く思っている。

7 おわりに

私は2014（平成26）年度の１年間、文部科学省から学校に派遣され、福島県郡山市の公立中学校で実務研修生として勤務した経験がある。現場では、テレビドラマのような事件が起こることも珍しくなかったほか、家庭環境が厳しく、登校するだけで「よく頑張っている」と思えるような生徒もいた。先生方はいつも、一人ひとりの子供の現状と将来の両方を考えて、そのときできることに全力で当たっていた。

熊本県でも、2020（令和２）年７月豪雨に見舞われて泥に覆われた学校に、休日にもかかわらず来て、備品を運び出したり、掃除をしたりしていた先生は一人や二人ではなく、中には教員を退職されて何年も経っている方もいた。子供たちに対する愛情と、教職に対する使命や誇りを県内至るところで感じた。熊本でお会いした方、一緒に過ごしていただいた時間、そして皆で力を合わせて仕事ができたこと、すべてかけがえのないものになっている。

教育基本法第６条では、学校教育は、教育を受ける者が、自ら進んで学習に取り組む意欲を高めることを重視して行われなければならない旨が規定されている。

今振り返れば、現場に対しては、「子供たちが学びに向かうことにポジティブな気持ちを持てるようにするにはどうすればいいか」という本質的な投げかけをもっとしていれば、もう少し前向きに受け止めていただけたのではないかと反省している。しかし、十分ではなかった方針にもかかわらず熊本県の先生方には、しっかりと受け止めていただいた。県や市町村教育委員会の施策は確実に進化しているし、各校のホームページには、地域の方や担任ではない先生方にも子供に関わっていただいていたり、高学年の子が低学年の子に勉強を教えていたりする様子が数多く掲載されている。それぞれの立場でできることを考えて、行動に移してもらっていることがとても心強い。

気が付けば文部科学省に入省してから16年が経った。2020（令和２）年７月豪雨の際は、リエゾンの派遣やICT機器の整備などで文部科学省を頼もしく感じた。自分も現場の方からそのように思ってもらえるように、教員と子供が共に楽しく通い、成長することを支える仕事を一つでも多く重ねていきたいと思う。

CHANGE from 埼玉県

埼玉県発！エビデンスベースの教育政策を目指した学力・学習状況調査

大江 耕太郎
2002年入省
現在、大臣官房人事課人事企画官（併）副長
埼玉県教育委員会教育政策課副課長（2012－2013）
義務教育指導課長（2013－2015）

1 はじめに

2022年秋口、本書の取りまとめをいただいている国立教育政策研究所の千々布敏弥総括研究官（以降、千々布さんと呼ばせていただきます！）が、独立行政法人大学改革支援・学位授与機構法案の改正作業中の私の執務室を訪ねてきてくれた。この年の全国学力・学習状況調査の埼玉県の結果が過去と比べて顕著に素晴らしく、またここ数年上昇傾向にあるということで、その要因を埼玉県出向者OBの私に聞きに来られたのが理由であった。埼玉県の全国学力·学習状況調査の結果はここ10年弱の間、徐々にその相対的な順位を上げてきている。私は、大変手前味噌とは思いつつ、学力向上の要因は私が埼玉県出向時に立ち上げに携わった埼玉県学力・学習状況調査を用いた学校現場の検証改善サイクルの定着にあるとお伝えした。そのとき、千々布さんが私に対して率直におっしゃったことが非常に印象に残っている。「大江さんの手がけた埼玉県学力・学習状況調査のことはもちろんよく知っているけど、正直に申し上げて、この施策がどこまで学力を向上させられるのかというのはこれまで非常に懐疑的だったんで

すよね。でも、これまでの埼玉県の学力の変遷を見ていると、やはりこの埼玉県学力・学習状況調査というものに私自身がしっかり向き合わなければいけないのかなと思っています。」千々布さんとは、その後も何度かメールでやりとりさせていただいたが、その際にも「私は半信半疑で埼玉県の施策を眺め続けてきたのですが、埼玉県の施策の意義をきちんと理解することが、私のこれまでの教育委員会施策研究を膨らませることにつながると思っています」との率直なメッセージをいただき、感動したことを覚えている。後日、千々布さんは、このときの言葉通り、自ら埼玉県の教育事務所の学校訪問を視察され、その深い分析力と洞察力によって、埼玉県学力・学習状況調査と教育事務所の指導訪問を結び付けた学力向上に至るプロセスについて考察され、後に私にご教示いただいた。

埼玉県に出向し、埼玉県学力・学習状況調査に携わってから約10年が経過するが、その後、文部科学省から出向した大根田頼尚さん（現OECD代表部一等書記官）、八田聡史さん（現OECD教育局）、渡辺洋平さん（現文部科学省初等中等教育局学校情報基盤・教材課課長補佐）、高田淳子さん（現埼玉県教育局市町村支援部義務教育指導課長）、といった歴代出向者の方々や埼玉県教育局の歴代職員の皆さん、その他大勢の関係者の皆様のご尽力によって、現在、埼玉方式の学力・学習状況調査は、埼玉県を越え、約150自治体の参加を誇る巨大な取組に進化している。

このたびは、本書の執筆という貴重な機会をいただいたので、この埼玉県学力・学習状況調査がどのように立ち上げられ、当時出向していた私がどのように関わったのかについて、当時のリアルな状況とともにその概要をお伝えすることができればと考えている。

2 埼玉県への出向

私が埼玉県教育局へ出向したのは2012年4月だったが、その後数か月が経過した2012年の夏、教育局を含む県庁内部では、毎年の恒例となっていた全国学力・学習状況調査の結果についての議論が活発に行われていた。正確な数値は覚えていないが、埼玉県の小学校、中学校の平均正答率はどちらもほかの都道府県と比較すると必ずしも高いものとはいえなかった。確か、各教科ともに全国の平均正答率と比較すると数ポイント下回っていた程度ではなかったかと記憶している。文部科学省で都道府県毎のランキングを公表しているわけではないが、当時、いくつかの新聞社が都道府県ごとの平均正答率をランキング化して紙面に載せていた。埼玉県は全国の平均正答率からそれほど離れていたわけではなかったと思うが、ランキングとしては下から数えた方が早いところに位置していた。こうした当時の現状に対して、県庁内では、県内児童生徒の学力低下を象徴する深刻な課題として捉え、改善策について議論が重ねられていた。埼玉県の子供たちのさらなる学力向上のために議論を重ねることは大変重要だと思いつつも、正直、議論の内容には違和感を覚えたものがあったのも事実である。「なぜ、昨年度の結果からさらに悪くなったのだろう？　何が原因だろうか？　〇〇事業の成果が出ていないのではないか？」「市町村や学校毎の結果を公表して危機感を煽るべきではないか？」当時、教育局内の政策取りまとめ役的な立場の教育政策課副課長であった私は、こうした意見に対し、素朴な疑問を投げかけていくことになる。「全国学調はそもそも小６、中３に対する調査なので、受けている子供が去年と今年では一人も被らないため、昨年度の結果と比較するということ自体限界があるのではないでしょうか？」「学力調査の結果は、家庭の状況や地域によっても大きく影響を受けるので、必ずしも競争を煽って改善するものではないんじゃないでしょうか？」実は、こうした疑問は、教育局内に向けたものであると同時に私自身に向けたものでもあった。埼玉県への出向の年からさかのぼること約５年、私は数値を用いた教育効果の分析等を学ぶために、人事院の留学制度を活用して米国のとある大学院の修士課程で教育経済学を学んでいた。今でこそ EBPM という言葉を教育行政の中でも聞くようになったが、当時の我が国の教育政策においては、数値による客観的な根拠をベースにした教育政策の形成がまだまだ発展途上であったことから、この分野で先駆的な役割を果たしてきた米国において専門的知識を学びたかったというのが留学の目的である。「どんな取組を行うとどんな教育効果がどれくらいあるのか？」我が国の教育行政が最も不得意としてきた問いに対して、正しい知識のノウハウを駆使すればその答えを導くことができることを米国で学んだ。こうした米国で学んだ教育経済学の知識やノウハウを活用しながら、まさに県庁内で自分自身に対しても投げかけた疑問に対して、何か解決方法がないか自問自答する日々が続くことになる。

3 議会からの投げかけ

一方で時を同じくして、教育局には埼玉県議会から大きな課題が投げかけられていた。「小中学校全学年における全県一斉学力テストの実施」である。埼玉県では、当時、小学校５年生、中学校２年生を対象に県独自の学力調査を実施していたが、埼玉県議会からの要請として全学年の学力テストの実施が提案され、５年毎に策定される埼玉県の総合計画の中に位置付けることとなった。今だから言えることではあるが、当時の教育局では、この議会からの提案が必ずしも歓迎されていたわけではなく、積極的に検討を進める機運の高まりがあったわけでもなかった。２学年で行われていた調査を９学年に拡大するためには、単純に考えて５倍近くの経費がかかり、何より、一体何のために全学年でテストをしなければならないのか、その必要性が腑に落ちている職員は当時の教育局にはほとんどいなかったのではないかと思う。いくら議会からの提案といっても財政当局を説得するだけの確信的な哲学があったわけでもなく、義務教育段階の教育施策の責任を担う各市町村教育委員会の理解を得るための考え方の軸が確立していたわけでもなかった。教育局内の政策取りまとめ課である教育政策課としては、直接的に義務教育段階の政策立案を担当する立場にはなかったため、私もこの段階で強く主張することはなかったのだが、この全学年で学力テストを行うという議会からの提案をうまく工夫しつつこなすことによって、自ら発した疑問の解決につながる解決策の可能性があるのではないかと思うようになっていった。その後のさまざまな思考実験を経て、それまでの教育行政の弱みであったエビデンスに基づく政策の実現に近付きつつ、子供たちや教師を含めた学校現場のモチベーション向上につながるようなこれまでにない新たな学力調査を設計することが可能ではないかと考えるに至ったのである。

4　新たな学力調査

さて、ここで当時検討した新たな学力調査の基本的な考え方等について簡単に説明しておきたいと思う。

（1）基本的な課題意識

当時考えていた新しい学力調査のコンセプトは大きく２つある。それは、「子供たち一人ひとりの継続調査」と「年度を越えた比較のための仕組みづくり（IRT）」だ。これらについて、それぞれ触れていきたいと思う。

○子供たち一人ひとりの継続調査

それまで全国的に実施されてきた各種の学力調査は、通常、例えば小５と中２など、特定の学年に絞って実施されてきた。このタイプの学力調査では、特定の年度の特定の集団の中の相対的な立ち位置を把握することはできるものの、毎年受ける子供たちが入れ替わってしまうため、「どれだけ子供たちの学力が向上したのか」を客観的に把握することが困難だった。自治体の中には、例えば小４～中３までの各学年で調査を実施していたケースもあるが、子供一人ひとりの紐付けができていなかったため、子供たち一人ひとりの学力がどれだけ向上したのかを把握することは依然として困難であった。埼玉県で実施する新しい学力調査では、時間の経過とともに、一人ひとりの子供の学力がどのように変化していくのかを把握するための継続調査であるべきだと考えた。

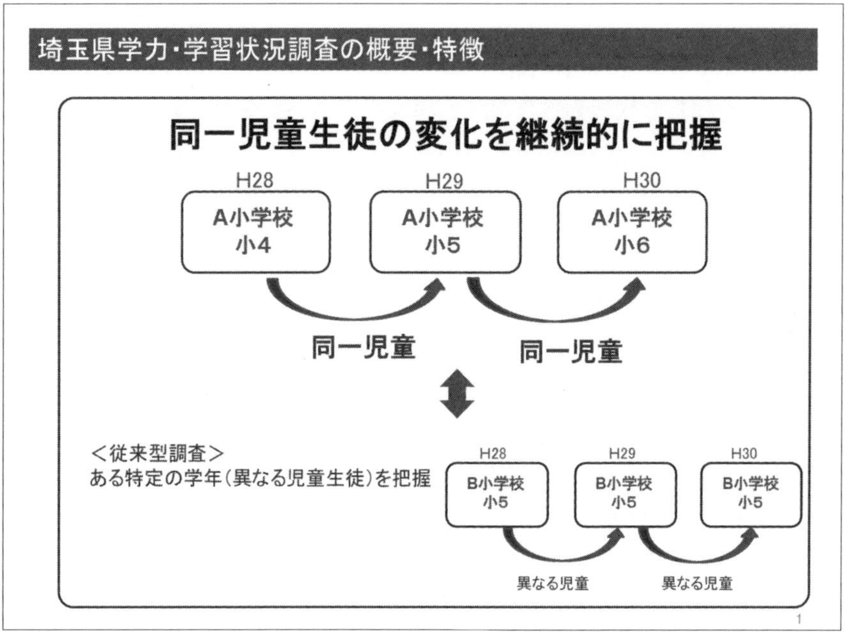

参考資料1

○年度を越えた比較のための仕組みづくり（IRT）

仮に前述の「子供たち一人ひとりの継続調査」が実現できたとしても、実際に学力が伸びたのかどうかを客観的に把握することはそう簡単ではない。例えば、50メートル走のタイムを考えた場合、A君が4月に出した8.4秒とB君が10月に出した8.1秒は簡単に比較することができる。これは、時間という概念が時期や個々人の走力には影響されない絶対的なものであるからだ。一方、学力調査の点数というのは、時期やその調査を受けた母集団の学力等、さまざまな要素に影響されるものであって、絶対的な基準になるものではない。他方、調査時期や母集団の学力に影響されずに点数を比較する手法の一つとして項目反応理論（IRT：Item Response

Theory）と呼ばれる理論を用いた方法がある。理論的な解説は紙面の関係上割愛させていただくが、OECDの実施しているPISA調査や、米国の大学等への進学の際に必要となる英語試験であるTOEFLなどで長年用いられてきた確立した理論である。この理論を埼玉県が実施する新しい学力調査に用いることで、例えば、去年の5年生と今年の5年生の学力比較や、ある児童が5年生から6年生にかけてどれだけ学力が伸びたかといったことを客観的に把握できるようになるのではないかと考えた。

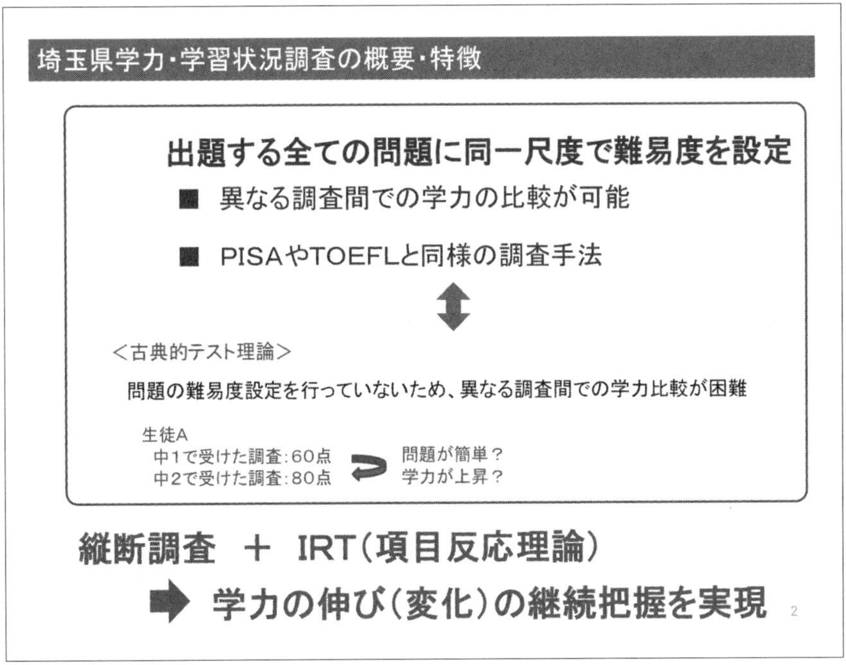

埼玉県学力・学習状況調査の概要・特徴
出題する全ての問題に同一尺度で難易度を設定
■ 異なる調査間での学力の比較が可能
■ PISAやTOEFLと同様の調査手法
<古典的テスト理論>
問題の難易度設定を行っていないため、異なる調査間での学力比較が困難
生徒A
中1で受けた調査：60点
中2で受けた調査：80点
問題が簡単？
学力が上昇？
縦断調査　＋　IRT（項目反応理論）
学力の伸び（変化）の継続把握を実現
2

参考資料2

（2）従来調査との違い

従来の学力調査は、児童生徒一人ひとりの学力の伸びの把握が困難であったため、どうしても「母集団の平均値と比べる」「児童生徒の相対的な学力の立ち位置を測る」といったところに焦点が当たりがちであった。

しかしながら、子供たちというのは、本来どんな子供でも「伸びる」存在であると考えていた（また、今でもそのように考えている）。その伸び方（スピードやタイミング）は異なるかもしれないが、学校で新しいことを習い、そのことを吸収することによって、さらには、子供たち同士の関わり合いの中で、常に成長し続ける存在であるはずだ。例えば100人の児童生徒がいれば、100通りの伸び方をしながら成長しており、「全員が伸びる」ということは当たり前のように起きているはずである。しかし、大変残念ながら、従来の学力調査では、「全員が伸びた」ことを把握することは困難であり、相対的に学力が伸びれば、必ず相対的に学力が落ちる（つまりある母集団の中で、平均より上と下が生じる）ことになってしまう。子供たちは常に伸びる存在であり、また、教師は常に子供たちを伸ばしている存在である、こうした考え方を世の中に普及したいという強い思いがあった。日々学校現場でご尽力いただいている教師の皆さんが、日々子供たちの成長を実感しながら、誇りを持って指導に当たっていただくことが、我が国の教育行政において最も大切なことであると考えていた。そしてまた、こうしたコンセプトの学力調査を行うことによって学力の伸びがわかれば、その間に行われた教師の指導や教育委員会の教育施策を分析することで、効果的な取組を客観的に明らかにすることができるのではないか、という思いもあった。まさに、それまでの日本の教育行政が必ずしも強みを発揮できなかったEBPMの推進をこの取組から発展させることができるのではないかと考えていた。

5 義務教育指導課長就任

その後、2013年4月には、教育局内で異動があり、義務教育指導課長という県内の小中学校に関する市町村への指導・助言・援助を担当する課長を拝命することとなり、正式に学力調査をめぐる課題に対応することになった。文部科学省から出向する多くの職員が経験することだと思うが、課内のほとんどの職員は自分より年上の人生の先輩ばかりである。また、そのほとんどは指導主事であり、各学校、市町村教育委員会、県内の教育事務所等で経験を積まれたいわば教育のプロ集団であった。そうした熟達した教育のプロの指導主事の先生方や自治体行政を熟知した県の職員の方々に対し、新しい学力調査のコンセプトを伝え、具体的な検討に入っていくことになる。

子供たち一人ひとりの継続調査とIRTを組み合わせた調査というのは、おそらくその当時、世界のどこにもなかったのではないかと思う。そうした世の中のどこにも存在しない、実現できるのかどうかもわからないアイデアに対して、当時の義務教育指導課の職員の方々は真摯に向き合い、このコンセプトの実現化に大いに尽力してくれた。

6 大きな課題

さて、新しい学力調査は、義務教育指導課職員の驚異的な働きにより、その実現に向けた具体的な制度設計が順調に進んでいった。一方で、大きな課題が２つ立ちはだかっていた。一つは予算の獲得。そしてもう一つは各市町村や各学校の理解や了解の取り付けであった。

（1）予算獲得

それまで埼玉県で実施されていた学力調査は小５、中２の２学年分のみ。問題作成等についても、市町村教育委員会等の協力を得ながら、県教育委員会自身が担っていたため教科は国語、算数・数学、社会、理科、英語という５教科実施していたが、年間予算は約2,000万円程度で実施されていた。一方、検討が進んでいた新しい学力調査の想定される予算額は年間およそ２億円程度と見積られていた。これは、実施学年が小中学校の全学年に増えることもさることながら、単に問題作成等を行うだけでなく、一人ひとりの子供を年度を越えて紐付けるための新たな経費やIRTを用いた調査の設計のための経費が加わったことが原因であった。

言うまでもなく予算を認める権限を持っているのは県知事であり、そのサポートをするのが県庁の財政当局になる。埼玉県内の児童生徒の学力向上は県庁全体としての大きな目標であったので、学力向上が見込める施策に対する財政当局の理解は当然にあった。しかしながら、学力調査を実施したからといって直ちに学力向上が図られるわけでもなく、また、そもそも実現可能かどうかもわからない、世界のどこにも前例がない学力調査を実施するために多額の予算を獲得するというのはなかなかの困難が予想された。

今思い返すと、この新しい学力調査は、さまざまな偶然や幸運が重なって実現に至ったものだったと改めて感じている。結果的には、小学校４年生から中学校３年生までのすべての児童生徒を対象にした新しい学力調査のための実施経費として年間約２億円を確保することができたのだが、その大きな要因は２つある。

一つは、当時の埼玉県の上田清司知事の存在である。上田知事は常日頃から、「埼玉県は浦和や大宮のような都市部もあれば、秩父のような山間部も存在する日本の縮図のような県である。埼玉県でできることは全国どこの自治体でもできるはずである。埼玉県職員の諸君にはぜひ埼玉県だけのことを考えるのではなく、日本全体のことを考えながら、日本の課題を解決できるような取組を埼玉から始めるのだという意気込みで取り組んでもらいたい」といった趣旨のことをおっしゃっていた。新しい学力調査はまさにこの上田知事がおっしゃっていた趣旨にぴったり合致した構想だった。子供たち一人ひとりの継続調査とIRTを組み合わせることで、子供たちの学力の伸びを把握し、その要因がどこにあるのかを見極め、教育施策や教育実践の検証改善サイクルを構築するという日本のどこを見回しても実施したことのない取組を埼玉県から始めるというのは、知事にも財政当局にも受け入れられるものであった。

そしてもう一つの要因は、財政課長の存在である。当時の財政課長は、総務省から出向されていた瀧川聡史さんという方だった。非公式の場でたびたびこの新しい学力調査の狙いやコンセプトについて瀧川さんに説明する機会があったのだが、誰よりも深く的確にこの調査の意図するところを理解してくれたのが瀧川さんだった。瀧川さんは、「これまで多くの教育施策に県の予算を投じてきたものの、どの施策が真に学力向上に効果があったのか、あるいはなかったのかということがほとんどわからない構造になっている。新しい学力調査の実施によって、もしそうしたことの把握につながるのだとすれば、長期的に考えれば、効率的に効果のある教育施策に予算を投じることができることから、実施経費を上回るコストパフォーマンスが期待できるのではないか」といった趣旨のことをおっしゃってくれた。

もちろん、当時教育長であった関根郁夫氏もこの調査の潜在力を理解し、力強く支援してくれた方の一人である。特に、県庁内での予算に関する知事説明や財政当局への説明などでは、自身の言葉でビジョンを語っていただき、非常に強力な説得力を以って予算獲得を実現してくれた。関根教育長は元々数学の教師であり、縦断調査やIRTの重要性を数学の観点からも極めてクリアに理解していただいたことも大きな要因だったと考えている。こうして、さまざまな幸運の重なりによって、県庁内での予算獲得にはめどが付いた。

（2）市町村教育委員会の理解

もう一つの大きな課題は、市町村教育委員会の理解をどのように取り付けるのかということであった。本書の読者もご存知の通り、義務教育段階における市町村立学校の一義的な責任は市町村にある。私自身、ほかの自治体で勤務する経験があったわけではないが、さまざまな話を聞く限り、埼玉県は比較的市町村教育委員会の独自性がやや強いような気がしていた。小中学校に対する責任は市町村が有し、県教育委員会はあくまでもそれに対する指導助言を行うものであるといった考え方が強かったため、県教育委員会が行う施策については、十分に市町村教育委員会や学校と相談しながら、納得感を持って取り組んでいただく必要があった（もちろんこれは当然と言えば当然のことであるが）。

他方、埼玉県は北海道、長野県に次ぎ、市町村数の多い都道府県で63の市町村が存在したので（これは当時も今も変わっていない）、これらの市町村教育委員会に新しい学力調査の狙いやコンセプト等について、十分に理解していただく必要があった（厳密には、独自調査を行っていた、政令市であるさいたま市を除く62市町村）。そこで、62市町村の教育長一人ひとりに新しい学力調査の狙い等を説明すべく、すべての市町村を訪問することにした。

62市町村それぞれの教育長の反応はさまざまだった。画期的な取組であると賛同してくれた教育長、基本的に賛成だが気になる点があると指摘してくれた教育長、目新しい取組に対して懸念や否定的な反応を示す教育長、絶対に反対だと譲らない教育長……、実に多様な反応があった。

当時、私自身も義務教育指導課の職員も新しい取組に対しては、基本的にすべての市町村の賛同を得て、すべての市町村において実施できるように調整を進めるべきであるという考えを持っていたため、否定的な反応を示す教育長に対しては、２度３度、当該市町村を訪問し、繰り返し新しい学力調査が目指すものを説明させていただいた。そのかいあって、結果的にはほとんどすべての市町村の教育長が賛同してくれるに至った。一方で、最後まで賛同してくれなかった教育長がいらっしゃったのだが、この教育長とのやりとりは、今でも非常に強い印象として私の中に残っている。当該教育長のところにはおそらく５、６回は訪問するとともに、各種の会議でお会いした際にも時間を割いていただき説明を試みた。当該教育長は非常にしっかりと話を聞いてくださる方で、議論そのものはいつでも歓迎してくれた。私自身の考え方にも大いに賛同してくれる部分はあったのだが、「学力調査というのは必ず競争を生み出すため、信念として反対する」として、最後まで賛同はしていただけなかった。しかしながら、この間の繰り返しの議論を通じて、お互いの考えを深く理解することもでき、手法は違えど、考えている方向性は非常に共通するところも多いと感じた次第であった。そしてそのような感覚は当該教育長も私に対して持ってくださっているようであった。

最終的にこの方は、「新しい学力調査に賛同はしないが、県が実施するのであれば参加はする」旨お話ししていただき、「不参加」という最悪の事態は避けることができ、結果的にすべての市町村参加の下で新しい学力調査を実施することができるようになったのである。

また、中学校長会や小学校長会、指導主事研究会等の各種会議でも説明を尽くしていった。機会があれば、個別の市町村教育委員会や学校にも説明に出向いた。そんな中、当時、戸田市立笹目中学校の校長でいらっしゃった戸ヶ﨑勤氏（現戸田市教育長）がこの新しい学力調査の趣旨に大いに賛同してくれ、笹目中学校で勤務する教師の先生方に講演を行う機会もいただいた（現在、全国に圧倒的な存在感を発するスーパー教育長として大活躍されている戸ヶ﨑教育長だが、校長時代から強烈なリーダーシップと教育に対する熱意・信念を兼ね備えた学校経営を実践し、周囲を驚かせていた）。

このようにして、予算獲得と市町村教育委員会や各学校の理解や了解の取り付けといった大きな課題を乗り越えながら、新しい学力調査の実施に向けた準備は順調に進んでいった。

7　新しい学力調査の実施とその後

2015年4月、こうして私が埼玉県に出向期間中に多くのエネルギーを割いた新しい埼玉県学力・学習状況調査が実施されることになる。大変残念ながら、私の埼玉県教育局への出向期間である3年間はその前月の2015年3月に終了し、文部科学省に戻ることになるのだが、この初回の埼玉県学力・学習状況調査は大きな問題も発生せず、無事成功を収めることになる。ここに至るまでには、本当に多くの関係者のご尽力・ご協力をいただいてきた。紙面の関係上、すべての方々のお名前を記すことはできないが、当時の義務教育指導課で共に働いた県庁職員や指導主事の先生方には感謝してもしきれないくらいお世話になった。この場をお借りして改めて感謝申し上げたいと思う。

そして、2015年4月には、文部科学省から大根田頼尚さんが埼玉県に教育政策課長として出向され、翌2016年4月には義務教育指導課長に就任された。その後、大根田さんは、非認知能力の測定を学力調査に導入するとともに、埼玉県以外の自治体にまで学力調査の参加を広げるという偉業を成し遂げてくれた。さらには、世の中に埼玉県学力・学習状況調査の特長や利点を広く普及し、OECDのアンドレアス・シュライヒャー教育・スキル局長が「ワールドクラスの優れた取組」と称賛してくれるまでに至った。その後の文部科学省からの出向者である八田聡史さん、渡辺洋平さん、髙田淳子さん等のご尽力によって、現在は、150市町村が参加する巨大な学力調査へと進化するとともに今年度（2023年度）からはCBTでの実施に至るまでの進化を遂げてきている。

冒頭少し触れさせていただいたように、現在に至るまでの9年間に及ぶ埼玉県学力・学習状況調査の実施期間中、埼玉県の児童生徒の全国における相対的な学力は順調に向上しつつある。もちろん、学力調査を行っただけでは学力が向上するはずもない。しかしながら、この間、関係者が粘り強く、この学力調査の趣旨・狙い等を現場に浸透させてくれたおかげで、子供たち一人ひとりの学力の伸びに注目した学校現場での指導改善が図られたと確信している。教師、学校、教育委員会がそれぞれどのような取組をすれば、どのように児童生徒の学力に影響を及ぼすのかということが従来と比べて詳細にわかるようになってきたと思うし、何より、学力の高い低いとは別に、現在の学力と比べて将来的にどれくらい学力が伸びるのか（伸びたのか）という新しい軸を打ち立てたことで、教育現場の納得感が増したのではないかと思う。

教育行政におけるエビデンスベースの政策推進は道半ばだ。この学力調査によって、子供たちの学力の伸びの状況はある程度わかってきたが、その間に学校や教師がどのようなことをやってきたのかといったデータの収集・分析はまだまだ進んでいない。しかし、この10年弱の間に、少しずつ教育行政におけるEBPMが進んできたことは間違いないと思っている。今では、埼玉県教育委員会と聞いたとき、埼玉県独自の学力・学習状況調査を思い浮かべてくれる教育関係者の方も少しずつ増えてきたと感じている。私が埼玉県出向時に携わることができたのは本当に幸運であったし、その当時、そしてその後の関係者の顔ぶれにも本当に恵まれた。このたび、埼玉県出向時のことを本書に記す機会をいただき、改めて当時のことを思い出すよいきっかけになったのだが、そうした感謝の念がさらにあふれ出てきた。お世話になったすべての関係者の方に重ねて感謝を申し上げ、本稿を締め括りたいと思う。

☞ CHANGE from 福岡県

国・地方自治体・学校それぞれが役割を果たすために

村尾 崇
1997年入省
現在、内閣参事官（内閣官房副長官補付）
福岡県教育委員会教育振興部義務教育課長（2006－2009）

私が福岡県教育委員会に義務教育課長として着任したのは2006年8月。すでに学校は夏季休業期間に入っていたため、授業が行われている時期の学校訪問機会もほとんどないまま、関係者への着任の挨拶回りを終えると、すぐに、初めて経験する9月議会への準備に追われた。県議会の本会議において答弁するのは知事や教育長だが、委員会において主として答弁するのは担当課長である。

9月議会が閉会した直後、会議出席のため初の県外出張に自宅から直行した空港には、指導主事が待ち構えており、出張を取りやめ急遽県庁に向かった。福岡県内で、「いじめ」に関連したと思われる中学生の自死事案が発生したためである。全国的にも報道がなされ、県議会では当該事案に関する臨時の文教委員会が開催されるなど、当時、県教育委員会における最優先課題となった。学校設置者である町の教育委員会に調査のための第三者委員会を設置するなど、その後の「いじめ」問題対応の先行事例ともなったが、何より生徒の命に関わる事案でもあり、着任間もなく県内の状況把握も十分でない中で、県における担当責任者としての自らの責務の重さを痛感し、自問自答しながら対応した日々が最善だったのか、現在でも思い返すことがある。自分がその後、教育行政官として仕事をするに当たっての原点は、福岡県におけるこのときの経験にある。

翌2007年4月、全国学力･学習状況調査が初めて実施されたが、注目された9月の結果公表において、教科に関する調査における福岡県の平均正答率は全国のそれと比較して低く、県内にも衝撃を与えた。当時は約40年ぶりの全国的な悉皆の学力調査が実施された中で、調査結果の公表による弊害懸念の声が強く、都道府県による市町村別公表も国の実施要項で禁止されていたが、県内の教育事務所単位で科目別の平均正答率を比較すると、最大14ポイントの差がみられるなど、県としての最重要課題が地域間格差であることは明らかであった。このため、検討・調整過程ではこれらを公表することに慎重な意見も強かったが、福岡県としての分析結果公表の際、県民・関係者に正確な現状を認識していただき、改善のための取組につなげていくことを企図し、国の公表ルールには抵触しない教育事務所・政令市別に7分割した平均正答率を公表した。教育に関する財政的支援は首長のスタンスによるところが大きいが、このことにより知事にも課題を認識いただき、予算テコ入れのきっかけになったと考えている。

2009年3月までの2年8か月にわたり、福岡県で仕事をした中で実感したのは、生徒指導対応にせよ、学力向上方策にせよ、政策的方向性を示し、また、実行するための財政支援を行う上で、国の役割が大きいことはもちろんだが、教職員の任命権者・給与負担者である都道府県、学校設置者・教職員の服務監督権者である市町村の教育委員会、教育課程の編成などを校長が運営管理し、児童生徒と直接向き合う学校、それぞれの裁量でできることは数多くあり、各々が主体的にその権限をフル活用して取り組まなければ、学校現場は変わらないということである。福岡県においても、制度発足当初からコミュニティ・スクールの全市的な導入に向けて取組を進めた山本直俊・春日市教育委員会教育長（当時）など、教育委員会や学校における先進的な取組、優れた取組は、リーダーがある種の覚悟を持ってリスクを取りつつ、関係者と対話しながら、教育長や校長の権限を十二分に活用して実施されていた。

PISA（生徒の学習到達度調査）などを実施し、教育分野においても国際比較分析を行うOECD（経済協力開発機構）という国際機関があるが、私はかつて、OECDに対する我が国の在外公館であるOECD日本政府代表部に出向していたことがある。OECDの会議に出席することや、OECD加盟各国の政府代表部職員と情報交換することなどが業務であるわけだが、その中でも、我が国の教育行政の仕組みは、一般的には中央集権的であるようにイメージされているものの、実際はそれよりもずっと分権されたシステムではないかと感じていた。そのことはOECDの分析においても明らかにされており、一例を挙げると、教育課程についての決定権の国際比較の中でも、我が国の校長の権限が諸外国に比して大きいことが示されている[1]。

私は2023年8月までの2年余り、文部科学省初等中等教育局財務課長として、教師を取り巻く環境整備に取り組んだが、そこでも感じたのは、国・都道府県・市町村・学校それぞれが役割を果たすことの重要性である。少子化・多様化・DXが進む中、教育の質の向上を図るために優れた人材を教師に確保することは国として喫緊の課題であり、2023年6月、我が国の政策全体の方向性を示す閣議決定「骨太方針2023」において、学校における働き方改革のさらなる加速化、処遇改善、学校の指導・運営体制の充実などを一体的に進めることが明示された[2]。これを踏まえて､国が大枠として、法律などの制度改正・教員給与などの予算措置をしっかりと講じていくことは国の責任であることは論を俟たないし、前提である。

同時に、人口約1億2,000万人の我が国において、初等中等教育段階の公立学校だけでも約3万3,000校あり、約90万人の教師がいる。地方自治体や学校の規模・地域性も異なる中で、国が一律でできることには限りもあり、都道府県・市町村・学校にはそれぞれに持っている裁量がある。学校における働き方改革に関しても、支援スタッフなど都道府県や市町村には地方財政措置が講じられているものも多くあり、それぞれで予算を講じることができるものもあれば、法令上、権限は各学校の校長にあることも多い。これまではあまり行われてこなかっただけで、特に、規制されていないことも多くある。ICT 活用、産学官との連携、働き方改革などさまざまな改革を進める戸ヶ﨑勤・埼玉県戸田市教育委員会教育長のように、時代を切り拓くフロントランナーは、それを担う教職員などの納得感やモチベーションを高めつつ、関係者を巻き込み味方を増やしながら、持てる権限や資源をフルに活用して次々と新たな挑戦をしているように感じる。

これまでと異なる新しいことをやれば、どうしても一定の批判はあるし、他者の責任に帰する方が、波風が立ちにくいということも現実問題としてありうるだろう。だが、先に触れたように、教育界に限らず、どの業界でも少子化・多様化・DX、いわば３つのD（Declining birthrate（少子化），Diversity（多様性），Digital Transformation（DX））などへの対応が求められている。世の中全体が大きく変わっていく中で、それぞれの地域や学校の実態に合わせ、当該地域、各学校が目指す教育の充実を図る上では、国が先頭に立って旗を振りつつ、都道府県・市町村・学校において教育に関わる権限を有する各主体が他者任せにせず、それぞれの裁量を目いっぱい生かすことが、学校現場の環境や、教育をよりよくするために必要かつ大事な観点ではないだろうか。

《注》

1　出典：OECD, PISA 2015 Database, Table II.4.2.／PISA 2015 Results (Volume II): Policies and Practices for Successful Schools、116頁

2　出典：内閣府「経済財政運営と改革の基本方針2023」（2023年６月16日閣議決定）、42頁

高知県の教育行政と尾﨑知事

渡邉 浩人
2004年入省
現在、文化庁著作権課著作物流通推進室長
高知県教育委員会生涯学習課長（2015－2016）
教育政策課長（2016－2017）

私は2015（平成27）年から高知県教育委員会に出向し、生涯学習課長と教育政策課長を務めさせていただいた。高知県の教育課題としては特に学力向上が言われていた。現在の全国学力・学習状況調査が開始された2007（平成19）年の結果において、高知県は中学校数学Bで全国平均を10ポイント下回るなど厳しいものであったが、私が赴任した頃には小学校は全国上位、中学校も全国平均にあと少しのところまで向上していた。この結果に至るには、学校経営アドバイザーの配置による教育事務所の訪問指導の強化、県独自の学力調査の実施などさまざま講じられたものがあったが、その根底の駆動力につながるような部分で感じたことが大きい。それが尾﨑正直知事の存在である。

尾﨑知事は2007（平成19）年12月に就任した。関係者から聞いた話ではあるが、最初に知事に全国学力・学習状況調査の結果の報告がされた際、知事は涙ながらに、高知県の子供たちが基礎的な勉強がわからないままに不利な状況に置かれることを放っておけないと、教育委員会事務局の幹部を叱咤したとのことである。私の在任中、予算について知事と協議させていただく機会があったが、知事の指摘として最も多かったものは、予算の多寡などよりは、予算が課題に対して十分なものになっているかということである。高知県の教育施策大綱は恐らくどの県よりも厚いものとなっているが、これも計画づくりにおいて具体策を盛り込むことにこだわった知事の意向がよく表れている。私は生涯学習課長として学校と地域の連携を強化することが求められ、懸命に取り組んだが、これも学力向上と厳しい家庭環境にいる子供たちへの支援について地域の力に期待する、尾崎県政の大きな文脈の中で理解する必要がある。

望ましい地方教育行政の在り方を断じるつもりはないが、地方教育行政にとって首長の在り方は極めて重要な要素だと思っている。

CHAPTER THREE

第3章

圧倒的な熱量で
教育委員会の仕事の仕方や
学校の意識を変えた話

CHANGE from 北海道

北海道教育委員会における基礎学力保障の取組を振り返って

武藤 久慶
2000年入省
現在、初等中等教育局教育課程課長
北海道教育委員会教育政策課長（2010－2012）
義務教育課長（2012－2013）
学校教育局次長（2013－2014）

1 はじめに

私が北海道教育委員会に在籍していたのは2010～14年の4年間です。

最初の2年は教育政策課長、その後義務教育課長を1年、学校教育局の次長職を1年。トータルで4年間出向していました。通常の出向は2年ですからその倍の時間を地方で過ごしたことになります。赴任当初の1年間は違法な政治資金問題への対応に忙殺されましたが、その後は基礎学力の保障に力を入れました。

今回原稿の依頼をいただいたときの率直な感想は、「これらは、もはや昔話のようなもの」「新学習指導要領が全面実施され、GIGAスクール構想がスタートした今、また生成AIが登場し、次期学習指導要領に向けた議論も始まりつつある中、政策論議の前提が違いすぎるのでは」というものでした。

しかし、改めて振り返ってみると「あのときの経験」がその後の教育行政官としてのスタイルに大きく関わっていたり、北海道特有の課題と感じていたものの中には、実はかなり全国的・普遍的に見られ、今なお学校改善を阻害しているものもあるように思います。そこで、リフレクションを兼ねて、その「当時の問題意識」を書き記し、読者の皆様の参考に供したいと思います。

2 当時の所感

2000（平成12）年に当時の文部省に入省して以来、最もお世話になり、かつ薫陶を受けたのは当時の北海道教育長であった髙橋教一氏でした。髙橋教育長は全体的には「剛腕」なのですが、実は場合に応じて極めて「繊細」な手法も使い分ける、そして人情に厚い教育長でした。本当にさまざまな課題について、時にはお酒を酌み交わしながら議論しました。そのときおおむね２人の共通理解だったのではないか（と私が感じる）ことがいくつかあります。

第一は、北海道には道の教育委員会と179市町村の教育委員会があるわけですが、それぞれの教育委員会が作成した資料を見たり、説明を聞いたりしてもあまり具体的なものがない。端的に言えば、国は大枠を創るのが仕事ですから、国が作った資料が県に行き、そして市町村に行けば、より現場に近くなるわけですから、より具体的な話があってしかるべきだと思うのですが、むしろ国が作った資料を希釈して、抽象的にしたような文書があらゆるところで配られていて、先生方の「右の耳から左の耳に抜けていく」というような状況があったように思います。こういう資料だったら国が作った原典を見てほしいと何度思ったことかわかりません。

第二に、施策の効果が本当に発現しているのかどうか、何か課題があるなら課題を解決しようとか、成果が出ているならその成果をさらに積み上げていき、隣の学校や隣の自治体に波及させていこうといった、いわば当たり前の振り返り等の話が少ない。より正確に言えば、そういう話はお題目としては語られるのですが、そのための具体論が極めて薄い、そういう印象がありました。例えば、議会の指摘などを受けてリーフレットなどを作ったら、それで満足してしまうことが見受けられました。それが本当に現場を恒常的に変容させるものとなっているか、変容につながるようなプレゼンができているのか、また、実際にどのような効果が出ているのか、いつぐらいまでに成果を出そうと思うのか……そういうことを突き詰めて考えない習慣が常態化している状況が見て取れました。

第三に、現場や教師や子供は極めて多様であるにもかかわらず、「学校は忙しい」とか、「学校は頑張っている」とか、そういった主張を繰り返すだけの議論が多かったように思います。179も市町村があり、学校も規模の大小を含めて多種多様であることを考えれば、「学校は○○である式」の一括りの言い方は限定的かつ注意深く行うべきと思うのですが、あまりそのような様子は見られませんでした。ステレオタイプ・紋切り型の議論が横行して、問題が切り分けられていない。デカルトは困難を分割せよと述べましたが、その言葉を借りれば、困難が十分に分割されていない。あまり生産的ではない印象を持ったわけです。

第四に、「学力が低いのは地域に責任がある。北海道は生活保護の受給率が全国でも２番目・３番目に高い、だから学力が低いんだ、塾がないから低いんだ、１次産業比率が高いからだ……」といった話が跋扈していました。一般論をすべてに当てはめて、とりあえずその場をやり過ごす、あるいは議論がタイムアップになる、そんなことが多かったように思います。

第五に、道教育委員会を含めて、さまざまな団体が研修や会議を催したり、学校を指定した取組を行ったりしていたのですが、協議のテーマも抽象的で、実践的なものになっていなかったように思います。指導要領の前文のような話が大会や討議のテーマになっていたわけです。これではあまりにも茫洋としていて何でもアリになり、議論も深まりません。また、例えば、教員研修にしても、全体で１時間半しかないにもかかわらず、中身のない挨拶や、資料を見ればわかるような講師略歴紹介、最初から用意されていた謝辞、そういうもので15分以上使っている例が散見されました。

全体として言えば、あらゆる団体・事業が過去からの慣行やルーティンに流れ、問題解決的に動いていないのではないかという印象を持ちました。そうした中で登板した髙橋教育長は、「現場に行ってひざ詰めで話せ」「それで本当に改善につながるのか」「突っ込み不足ではないか」、そういう問題意識で庁内のあらゆる事業に前例のない見直しをかけていました。北海道在任４年のうち、実に３年間を髙橋教育長の下で取り組むことができたのは本当に幸運なことだったと思います。この間、教育長とともに、かなり幅広い施策を講じましたが、すべてをここで述べる紙幅はありません。そこで、最も力を入れて取り組んだ基礎学力保障に絞って話を進めていきます。

3　基礎学力問題に対する当初のリアクション

当時の北海道は全国学力・学習状況調査で全国でもワーストに近い厳しい状況にありました。しかし、これをどうするかという議論よりも、順位を競ってどうするとか、学力偏重主義は教育を歪めるなどというリアクションが先立っていました。漁業や農業を継ぐのに学力は要らないとか、学力があると地元を出て行ってしまうという声もありました。ある市の校長先生からは「知・徳・体のバランスが大事だから学力向上には反対だ」とか、「元気に挨拶できれば学力なんて要らない」「分数の割り算なんてできなくても生きていくのに困らない」とも言われことがあります。ある市の教育長は「学校がたくさんあれば差があるのは当たり前だ」と堂々と述べておられました。こうした反応に茫然とした日のことを今でも鮮明に覚えています。

そこで、関係者の意識を解きほぐすためにまず始めたのは、実際にどのような問題が著しくできていないのかを可視化することでした。その結果わかったのは、決して難しい問題ではなく、基本的な漢字の読み書きや四則計算のような基本的なところ、将来何を学ぶにも何を仕事にするのにも必要なベーシックスキルが身に付いていないということでした。それだけではなく、全国学力・学習状況調査において、北海道の答案用紙には乱雑に扱われたものや破れているものがたくさんあるとの指摘を国立教育政策研究所から受けたのです。そして、正答率が著しく低い学校に共通することとして、校内に1時間目からゴミがたくさん落ちており、子供たちの姿勢も悪い、下駄箱が乱雑になっている、教室側面の黒板が真っ白、掲示物が剥がれかけている、いつも授業開始が遅れる……そのような状況がありました。私は、全国学力・学習状況調査で見える点数差の裏で〈何か大事なもの〉が失われているのではないだろうか、そんなふうにも思いました。

そもそも基礎学力があまりにも低いということは、あらゆる教科のすべての学習にも大きなマイナスですし、その後の長い学校生活全体での学習権の実質的な棄損につながるもので、少し大げさに言えば人権問題だと思います。これはまずいぞと思い、道教育委員会の指導主事の協力を得ながら、さまざまな取組を行いました。ここでは、そのうちいくつかについて述べていきます。

4 先生方との対話

まずは何といっても学校現場との対話です。髙橋教育長は自ら全道各地に足を運び、生まれ育った場所によって、子供たちの学力に大きな差があることは看過できない大きな問題であると声を大にして訴えていました。そんな髙橋教育長からは「お前もどんどん現場に行け」と発破をかけられました。そこで、全道の有名な先生にはこちらから会いに行きました。北海道は学力的には低迷していたものの、全国的に著名な実践家が多く、いわゆる官製研ではない研究活動が盛んでした。民間研究団体が行っている土日のサークルにも足を運び、終了後の懇親会にも参加しました。教師でもない行政官がいきなり現れるので、最初は面食らわれましたが、すぐに打ち解けて議論ができるようになりました。そこで知り合った実践家から別の実践家を紹介してもらう、そういうサイクルが回りだせば後は楽で、先方から話を聞きたいとSNSで連絡が来るようにもなりました。また、学校事務職員や養護教諭のリーダー層とも話をし、問題意識を聞き取ったり、貴重なアドバイスをたくさんもらいました。毎晩どこかでお酒を飲みながら、人脈がどんどん広がりました。そのような交流の中で教えてもらった「教育書」はその場でインターネットで注文し、とことん読みました。我が国には教育実践者が実践を言語化し、出版するという他国にない文化があることもここで知りました。そして、議論の中で提案されたことの中にやれそうなことがあればできる限り施策や事業デザインに組み込みました。その一方で、行政に現場への誤解があるのと同様に、現場には行政に対する誤解もたくさんあることを知り、率直に説明したり、意見を交わしました。立場が違っても、話せば理解し合えることもたくさんあるということがわかりました。

こうした活動を続ける中で、「これぞ」と思った方にお会いしたときは髙橋教育長との飲み会にお連れしました。逆に髙橋教育長がどこかで知り合った素敵な方をその場に連れてこられることもあり、そういった中で輪がどんどん広がっていきました。うれしいことにそのときの会は、私が北海道を去った後も続いています。

5 徹底した可視化と具体的なイメージの提示

こうした対話や人脈の形成と並行して行ったのが徹底した可視化の努力です。例えば学力下位層の割合の多さを全国と先進県と北海道とで比べることもしました。また、全国学力・学習状況調査の学習状況の中で、北海道が特に課題だと思われる項目をレーダーチャートにプロットし、全国100に対して北海道や先進県がどういう状況なのかということを可視化しました。「家で学校の宿題を全くしない子が全国で100人いるところ、北海道には183人いるんだ」といった具合です。このレーダーチャートは地方発のグッドプラクティスだということで、当時の初等中等教育局幹部の目に留まり、全国学力·学習状況調査の公表資料にも取り入れられました。

可視化したのはデータだけではありません。例えば、漢字の読み書きができないことが他教科に与える影響は極めて大きいことは自明なわけですが、「小学校３年生以上で習う漢字が読めなかったら、４年生以上で習う漢字の半分しか読めなかったら、社会科の教科書がこれしか読めません」といったイメージ資料を作成しました。

また、全道で正答率が低かった分数の割り算ですが、これができない子がいたとすると、この子はもしかしたら２年下の教科書で習う「４等分＝４分の１」というところからつまずいているのかもしれない、３年上で「12÷４」がわかっていないのかもしれない、３年下で「５分の１の３等分」がわかっていないのかもしれないし、高い確率で４年下の3.6÷３はわかっていないでしょうと。そうすると、この子は今、分数の割り算ができていないわけですが、中学校に行ったら数と式の領域でいくと、ほとんど何も理解できずに終わる。こうしたことをイメージ資料にしたわけです。一つの調査問題を単体の出来不出来で捉えるから点数主義だとかいう話になるわけで、カリキュラム全体の中で捉えたら、実はものすごく大きなインパクトがある課題だということがわかります。全国学力・学習状況調査は小学校６年生の担任と中学校３年生の話でしょという認識も強かったので、分数の割り算でこの１問ができないということを、自校の子供の実態を踏まえて、どれだけ豊かな学力情報として見取り、一体どういうところからつまずいて、今どんな思いでこの授業を聞いているのか、そしてこれはこのまま中学校に行ったら一体どうなるのかという想像力を働かせて、みんなでやっぱりチームで取り組む必要がありますよねというような話をしてきました。

ちなみに算数が好きな子供の割合は小学校３～５年生あたりでがくっと落ちてきますが、それらは下位層25％の子供たちと重なっています。学校が好きじゃない、算数が好きじゃない、そういう気持ちを抱えてずっとあの硬い椅子に座って授業を５時間、６時間聞いているんですよね、これ何とかしてあげたいですよね、というような語りかけをしていました。

6 大きな文脈に位置付ける

こうした可視化を一歩進めて、小・中学校の課題を大きな文脈に位置付ける努力も行いました。例えば、高校の学び直しの実態をデータと具体例で明らかにしました。全日制普通科の６割ぐらいの学校が復習を相当量やらざるを得なくなっており、その中には小学校の内容までさかのぼっているところもかなりの数あったのです。そこで、義務段階での学力保障が機能していないことが高校の先生方にとって大きな重荷になっているというスライドも作りました。講演先の地域の高校から実物のテストをもらって、それをスライド化してお話しするといったカスタマイズも行っていました。その方が「我がこと」として捉えてもらえるからです。

「基礎学力がなくて何が問題なのか」という主張も多かったため、中小企業の経営者に高校新卒の新入社員で何が困っているかを具体的に聞き出しました。ファーストフード店でマニュアルが覚えられないとか、バックヤードで段ボール箱が数えられないとか、バスの時刻表が読めないとか、そういう具体のエピソードもたくさん拾ってきました。

「農業を継ぐのに学力は要らない」と聞けば、懇意にしていたシェフやフードライターからカリスマ農業経営者を紹介してもらい、教科学力がどのように農業経営に生きているか、賢い農家と漫然と続けている農家とではどのような差が出ているのかを聞き出して、スライドにしたり、指導主事研修で話してもらったりしました。

そんなことを繰り返しながら、小中学校の現実とその先に横たわっているさまざまな課題を収集し、指導主事の先生方と議論しながら、批判や誤解や認識不足の一つひとつに正対し、スライド化していきました。教育政策課長としての２年目の終わり頃には、「基礎学力不足のディープインパクト」という一連のプレゼン資料の原型が完成していたように思います。そして、３年目に義務教育課長に横滑りしてからは、教育長会や校長会、教頭会、PTA、道議会議員の勉強会等でプレゼンするようになりました。一度講演をして、その内容を評価してくださった方がほかの地域や学校に紹介してくださり、そのような中でだんだんと理解者や支援者が増えていき、学校教育局次長としての最後の１年間は個別の学校の校内研修から声をかけてもらうまでになりました。このときは義務教育課を含む５課を束ねる管理職だったので、思うように時間が取れませんでしたが、それでもできる限り現場に足を運ぶようにしていました。ならしてみると年間で30～50回くらい研修講師を務めていたと思います。

7 濃密な４年間が今に生きていること

本書の読者は教育行政関係者が多いのだろうと推察します。その意味で、もう行政官として24年目となる私が、キャリアの６分の１を占める４年間の地方出向から何を学び取り、何を抽出して継続しているかについて、簡単に述べて本稿を閉じたいと思います。

第一に、腹に落ちるプレゼンを心がけるということです。よく霞が関や行政機関で使うような、見えない・わかりにくい資料は作らない。そして、正式な政策文書に立脚しつつも、自分なりのメッセージを踏み込んで伝えるということです。その際、学校教育を大きな具体的な文脈（ビッグピクチャー）の中に位置付け、データで補強しながら政策の意義を説明すること、そして意義に腹落ちした方が「ネクストステップ」に進められるよう、学校現場の明日の改善に落とし込める具体論を事例ベースで語ることです。これは３月まで務めたGIGAスクール構想の担当課長として、４月からの教育課程課長としても継続して実践しています。

第二に、学校現場の先生との対話とコミュニケーションです。現場には現場の現実と言い分がある。でも、現場は学校だけではありません。教育行政現場も教員養成現場もあるわけです。現場ならではの創意工夫も、現場からはなかなか出てこない発想、多様な現場に横串を刺すからこそ見えてくるものもあります。「お互いの立場と強みがあり、手を取り合えばいろいろなことができる」、現場の改革派や中間層とその点で握手できれば、いろんなムーブメントを起こすことができると思いました。今は文部科学省本省の課長職としてスタッフも50人近く抱えており、政策立案と永田町とのリレーションで忙しく、なかなか以前のようにはいきませんが、それでも現場の先生方が出版されたものはなるべく自分で購入し、目を通すようにしています。また、さまざまな機会に知り合った先生方とSNSでつながるように心がけています。1,000人以上の現場の先生方から直接・タイムリーに情報を得たり、指摘をいただけるのは教育行政官として大きな強みになっています。

このことは第三の点とも関わります。すなわち、行政組織（上司・部下）の外にいつでも相談できるブレインを数多く作っておくことです。私の場合、改革派の教育長・管理職のほか、全道の教職員研修サークルの中心人物の多くが日常的に相談に乗ってくれました。まだ現役の方々もたくさんおられるので、お名前はあえて伏せますが、全道に20数名の学校現場の現役管理職・教員・事務職員のブレインがいました。北海道行政は14のエリアに分かれていますが、そのうち11のエリアには信頼できる方が複数いて、これらの方々の多くは今もなおさまざまな支援をしてくださいます。

また、与野党の道議会議員、経済界のリーダー、各地域のコミュニティリーダーなどが強力なサポーターやブレインになってくださいました。髙橋教育長の前任、前々任、さらにその前任（3代前）までの教育長もさまざまに応援してくれました。北海道教育大学の村山紀昭前学長（当時）は中央教育審議会の教員養成部会の委員も務めておられ、国レベルの政策の最前線の考え方を北海道のコンテクストにはめていくという意味でも多大なご支援をいただきました。また、全国的にみてもトップクラスの現場の改革派の校長をお二方ご紹介いただき、そこから一気に人脈が広がっていきました。

さらに、アカデミックベースの上に、現場に届く声と具体論をお持ちの教育学者のご支援を得られたことも大きかったです。特に教育工学の堀田龍也先生（東北大学教授）は何度も何度も北海道に足を運び、具体的な助言をしてくださいました。

こうした方々を通じて日常的に得られる視点や情報を政策立案の参考にし、ときにたたき台をお見せして率直な意見を聞いたりする中で、政策を磨くことができました。今も施策のブレスト段階、立案段階の双方で非公式に外部の方々に意見を求め、足りない観点を足したり、誤解を招く記述を修正することは私のルーティンとなっています。

第四に、荒れていた道議会でかなりの量の「通告なし答弁」をこなし、全道各地での研修で「シナリオなし」のやり取りを続けた経験は、質問に正対する訓練になりました。役所の一般的な常識からは外れますが、およそ答弁は、端的に答える（書く）べきと思います。ダラダラ言わ（書か）ない。はぐらかさない。前置きの一般論も（多くの場合）要らない。余程の難しい事情がない限り、その方がうまくいくように思います。逆に、そうしないと、逃げるつもりはなくても、逃げているように見え、相手はイライラして一層攻撃的になります。どう端的に質問に答えるか、というところから自分の頭で考えつつ、過去の答弁は参考程度にする。わからないときはハッキリと「後ほど調べて答えます」と言う。その方が相手もイライラせず、生産的なやりとりになることが多く、結果的にうまくいくことが多いように思います。もちろん、私自身いまだに十分にはできていないわけですが、こうした視点で取り組み続けることができているのは、北海道時代の膨大な直接対話の積み重ねがあり、それをどんどんやれと言ってくださった髙橋教育長、そして課長が不在なことも多い中でしっかりと留守を守り、対話のベースとなる資料を作ってくれた指導主事をはじめとするスタッフの方々のお陰だと思っています。

8 おわりに

以上、自分を主語にして書いてきましたが、私が少しでも北海道のお役に立てたとすれば、それはさまざまな方々から有形無形の絶大なサポートがあったからです。また、マクロで見れば、政治的混乱と学力問題にあえぐ当時の北海道が何がしかの改善を求めていたということもあると思います。改革や改善が求められていないところに出向することは楽ではありますが、伸び盛りの若手にとってはある意味酷だとも思います。

道教育委員会の指導主事も最初は戸惑いが大きかったと思うのですが、さまざまに議論したり、現場との対話や研修をご一緒するうちに、率先してデータを集めたり、各教科の専門性を生かした資料を作ってくれるようになりました。こうした方々の格別のご支援・ご協力があってはじめて、期限付きの出向者として一定の仕事ができたのかなと改めて思っています。本稿を閉じるにあたり、関係の皆様に改めて深く感謝を申し上げます。

CHANGE from 千葉県

長きにわたり続いてきた仕事の慣習を変え、意識改革・働き方改革を実践した

小川 哲史
2002年入省
現在、科学技術・学術政策局企画官
千葉県教育委員会指導課長（2013－2016）

1 はじめに

2013年4月、私は千葉県教育委員会に指導課長として着任した。

指導課は幼稚園から高校までの指導行政全般（特別支援教育と保健体育を除く）を所管しており、各教科の指導はもちろんのこと、学力向上、教員研修、県立高校・中学校の入学者選抜、教科書採択、生徒指導、人権教育など担当が幅広い[1]。職員は約50名、ほぼ全員が教員出身である。課長も同様で、少なくとも直近の約30年間において、歴代課長は教員出身者ばかりであり、文部科学省からの出向者はおろか、千葉県の行政職員ですら務めたことがなかったとの話を伺った。

森田健作千葉県知事（当時）は教育行政に大変思い入れがあり、2009年の着任当初から教育長として文部科学省職員を起用していたが、さらに力を入れるため、若手をもう一人ということで私が着任するに至ったようである。

3年間同じポストを務めさせていただいたが、緊張感の高い毎日だった。県立高校や県立中学校の入学者選抜の業務は、生徒の人生を大きく左右する、極めて緊張感の高い業務であった。県立高校・中学校の教科書採

択は、議会を含めさまざまな厳しい意見に晒された。日々起こる生徒指導のさまざまな事案は、子供たちの生命・身体に関わり、一瞬たりとも気が抜けなかった。学力向上施策、道徳教育の充実、いじめ防止対策など、知事肝いりのさまざまな施策も背負わせていただいた。保健体育以外のすべての教科を担当しており、各教科それぞれの持つ多くの課題に直面した。

いろいろな仕事をさせていただいたが、今になって具体的に思い起こすと、とても外には語れないような話ばかり。正直なところ、膨大な業務に追われ、「自分はこれを成し遂げた」とかっこよく語れるような輝かしい業績はない。一方、そういう日々の膨大かつ泥臭い業務が、地道に千葉県の教育の下支えをしてきたのだという自負はある。そうした業務を日々実行していくため、指導課という大きな組織をどのように動かしてきたのかという点に焦点を当てて、私が取り組んできたことを記してみたい。

2　指導課の組織

前述の業務を実施するため、指導課には以下４つの室が置かれていた(当時)。

・学力向上室：県立学校（高校・中学校）の入試、学力向上施策全般、教員研修等

・教育課程室:幼稚園～高校の教育課程の総括(進路指導･キャリア教育、産業教育を含む)、教科書採択、外国人児童生徒教育、留学支援等

・生徒指導室：いじめ防止対策をはじめ生徒指導全般

・人権教育室：人権教育全般（LGBT、ジェンダー等を含む）

当然ながらこの幅広い事務の実施に当たっては、本庁の職員のみでは対応できず、県教育委員会の出先機関にも職員が多く配置されている。具体的には、

・市町村教育委員会（政令市である千葉市を除く）への指導・助言を行う５つの教育事務所に指導主事が約140名

・教員研修、各種調査研究などを行う「総合教育センター」に約 90 名
・教育相談などを行う「子どもと親のサポートセンター」に約 20 名
の職員がいる[2]。本庁指導課の約 50 名とこれら出先機関の職員を合わせ、総勢約 300 名の職員で、千葉県内の指導行政を取り仕切っていたことになる。

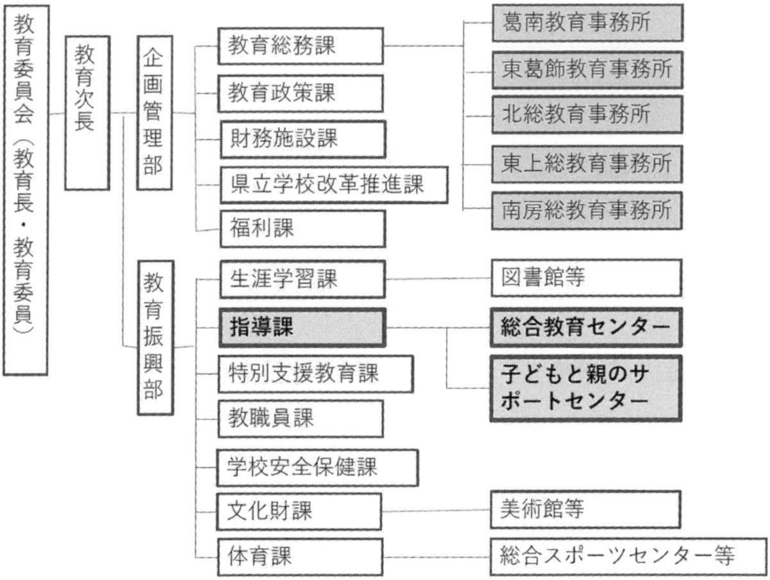

【千葉県教育委員会の組織（2013年度当時・筆者作成）】

3 コミュニケーション

（1）課内マネジメント

文部科学省の先輩でもある瀧本寛教育長（当時）は、ことあるごとに「すべては子供たちのために」という基本原則を口にしていた。学校教育を担当する指導課長としては、子供たちが過ごす学校現場をよりよいものとすることが、「子供たちのために」最良であると受け止めて日々の仕事に当

たった。

これを踏まえた上で、私は指導課の職員に対して、以下の２点をいつも申し上げていた。

第一に、指導主事は学習指導・生徒指導のスペシャリストであり、千葉県の学校教育分野における代表選手であるから、自信と誇りを持って仕事をしてほしいということである。指導主事は各学校段階・教科ごとに担当が割り振られ、一人当たりに係る責任・期待が大きい。だからこそ、指導主事の方々には、なるべく学校を回り、ご自身の知見を生かしてもらうこと、学校の最新の状況を把握し自らの知見もアップデートしてほしいとお願いした。また、数名の行政職員には、こうした「プロ」の方々をぜひしっかりサポートしていただきたいとお願いした。

第二に、いい仕事をするためには、私生活も充実させてほしいということである。指導課は真面目な職員が多く、その業務量故に、どうしても残業が多くなる。そもそも指導主事は学校現場にいる頃から長時間労働を続けてきた傾向にあった。学校で子供たちが楽しく学ぶことができるようにするのが我々の仕事であるから、我々自身が毎日を楽しみ充実させることが大事だと思う。このため、課長が率先してワークライフバランスを実践するとともに、業務の効率化を徹底した。今でこそこういう取組は当たり前のようになっているが、当時はまだ「働き方改革」という言葉もなかった時代。職員は戸惑ったところもあったと思う。働き方改革の取組は別途後述する。

この２点を年度当初など節目の時期に申し上げて仕事に当たってもらった。

着任してまず最優先で取り組んだのは、当たり前だが職員を覚えることである。約 50 人の課員の名前はもちろんのこと、学校種、担当教科、県内の出身地域などを着任１週間で叩きこんだ。決裁書類等は必ず自分から職員の席に足を運んで戻すようにするなど、ちょっとした機会のコミュニケーションを大切にした。誘われた飲み会にはすべて顔を出した。これは私が意識しなくても皆がどんどん声をかけてくれたが（笑）。

そして、コミュニケーションに当たって留意したことは、指導主事の専門性へのリスペクトである。先に述べた通り、彼らは学習指導・生徒指導のスペシャリストであり、そこは全面的に彼らから学ぼうと心がけた。先日、とある当時の指導課の職員から、「何か起こった際、課長はいつも、まず現状はどうなっているのかということを我々に確認してくれた」という話をいただいた。当時そのようなことを意識していた記憶はないが、とにかく彼らから学校現場の実情を含め、しっかり学びながら仕事をしていくべきだという思いがあったのは事実である。

（2）関係機関とのコミュニケーション

課内の職員のみならず、関係機関とのコミュニケーションも大切である。高校であれば校長・教頭等の管理職、小中学校であれば教育事務所の担当などに対し、会議等で話す機会が年に何度もある。こうした会議の場では、公式に必ず伝達すべき事項があるため、担当が丁寧にメモを作ってくれるが、可能な限り、自分の言葉で自分なりの解釈を付け加える、背景となる国の政策を説明する、ちょっとした笑いを入れる（皆真面目に聞いているのでスベることが多い）など、工夫を加えた。

また、本庁職員と教育事務所職員との連携も重視した。指導課では、年に５回程度、教育事務所の全指導主事が集まって、情報共有等の会議を行っていたが、こうした会議では、参加者同士の情報交換を積極的に行うようお願いした。このため、指導課の指導主事に対しては、形式的な情報伝達をするだけならメールでよい、せっかく県内各地から指導主事が集まるのだから腹を割ってぶっちゃけ話をしよう、それができないなら会議を止めよう、と申し上げた。どの程度実効性があったかはわからないが、少なくとも職員の意識は多少なりとも変わったのではないかと思う。

4 働き方改革

職員に私生活も充実させるよう言っている手前、まずは自ら実践である。緊急時以外は定時で退庁することを徹底するようにした。文部科学省にいた頃から、夜に残務を片付けるのが半ば癖のようになっているところがあったが、まずは自らを変えなければならない。何とか自分を鼓舞し、勤務時間内に仕事を終わらせることができるよう尽力した。そもそも平日の夜に仕事関係の懇親会も多く、遅れられないという実態もあった。もちろん、自身だけではなく、課内の各室長等にも、職員の残業削減に積極的に取り組んでいただいた。

私事であるが、千葉県在任中は、３年間に２人の息子を授かり、私が父親としての働き方をスタートした時期でもあった。次男が生まれた際には、わずかな期間ではあったが、育児休業も取得させていただいた。

３年目の2015年度は、長男が保育園に入ったため、妻と送迎を分担することになった。都内の自宅から千葉県庁までは最大で電車５本を乗り継ぎ、２時間弱かかるため、通常の勤務形態ではとても保育園の開所時間内に送迎をこなすことは難しい。このため、育児中の職員が１日30分～１時間取得できる子育て特別休暇を活用させていただき、事実上の「時短勤務」をすることになった。このときは息子が慣れない保育園通園で体調を崩すことも多く、イレギュラーな対応に追われ、体力的にも非常にきつかった。

結果的に職場にいる時間が短くなり、職員には迷惑をかけたと思う。一方、子育てと両立しながら仕事をこなす姿に勇気付けられたという言葉もいただいた。

このほか、休暇の取得促進なども折に触れて積極的に行った。職員はイベントや教員採用試験などで休日出勤も多く、代休の取得も確実に行ってもらった。議会対応業務の改善（次項で詳述）を含め、あらゆる手段を通じて職員の業務時間を短縮するよう努め、少しずつ職員の意識も変わったのではないかと思う。

5 議会対応

（1）議会対応に当たって

指導課はその所掌事務の広さもあり、議会質問対応の多さも県庁内トップクラスであった。年４回の定例議会のたびに県議会議員から数多くの質問が通告され、それに対し、議場で教育長等が答弁する際の「答弁資料」の作成が必要となる。

県議会は年度初めに年間の予定がおおむね決まっており、議員からの質問通告についても議会本番の１週間以上前からなされているケースが大半である。この点、本番の前日に質問通告がなされることが通例である国会とは大きく異なる。徹夜で答弁作成することも少なくない国会と比べ、日程に余裕がある点はありがたいが、それ故に準備に時間をかけがちという側面もあった。指導課の職員も多分に漏れず、議会質問対応に多くの時間を割いている実態があると聞いていた。

元々行政官ではないからか、そもそも教員出身の方々は議会対応を苦手にしている傾向があるように思う。

私は、指導課の職員には、「議会対応は定期テストだと思ってほしい。日々着実に勉強していればテストで点が取れるのと同じで、普段からしっかり仕事をしていれば、議会で質問が出ても胸を張って答えることができるはず」と申し上げていた。つまり、議会で質問が出てから慌てるのではなく、普段から外に対してしっかり説明ができるような仕事をしていきましょう、ということである。どの程度職員に響いたかはわからないが、少なくとも私は日々、県民へ説明できるよう仕事に当たっていたつもりである。

自分の内面の変化もあった。正直なところ、文部科学省で国会対応をしていたときは、あまりの忙しさに国会質問が当たることを忌避し、「この質問はうちの課では答弁を書けない」といった消極的争いをしてしまうこともあった。いわゆる「国会答弁の割り振り揉め」という、霞が関全体で起こりがちな問題である。しかし、指導課長に赴任して少し慣れてくると、自分の担当業務に議員が関心を持ってくれるのがうれしく、議会質問が当たるのが快感に変わってきた。ある議会のとき、普段に比して質問の数が少なく、早めに答弁作成等の準備が終わったことがあったのだが、半分冗談で「もっともっと質問が来ないと物足りんのう」と呟いたところ、隣に座っている副課長から「勘弁してください！課長は大丈夫でも、私やほかの職員はこれ以上は受け止め切れません！」と言われてしまった。

いずれにせよ、議会対応だからといってバタバタすることなく、どっしりと構えて仕事に当たることができたのはよかったのではないかと思う。

（2）議会対応業務の効率化

先に述べた通り職員が議会対応に多くの時間をかけている実態を踏まえ、答弁の質を維持することは大前提とした上で、答弁作成の準備にかかる時間を１分でも短くし、職員の残業削減につなげるよう尽力した。

まず、担当から答弁案を相談された際は、必ず一度で済ませるということを徹底した。例えば修正指示を出した場合も、修正後のものを再度確認することは不要とし、職員が課長に相談する時間を短縮化した。また、答弁案は最終的に教育長室で幹部全員同席の下で議論し、確定するプロセスを経ることになるが、この場で幹部から問われたことは基本的に即座に回答し、宿題を増やさないように努めた。

当然ながら、議会中であろうと、残業はしない。教育長室での打ち合わせが長引き、定時を超えることもあったが、そういうときも職員から要請された場合を除き、すぐに職場を出るようにしていた。

（3）課長答弁対応など

教育委員会の関連議案の審議のため、毎定例議会ごとに、文教常任委員会も開かれる。こちらは教育長等の幹部も出席するが、答弁者は課長が原則である。議案に関係しない質問もできるため、何の話題が出るのか読めない場合もある。質問時間の制約もないため、質問議員との議論の応酬が一時間近く続いたこともあった。

とはいえ、繰り返しになるが、答弁できるのは「普段の仕事でやっていること」なので、焦っても仕方がない。自分の仕事について自信を持って答弁するだけだと腹を括った。言い間違い等があってはいけないので、可能な範囲で答弁資料は作成してもらったが、自分の裁量で何とかなる話であり、最小限の作業に止めた。

とある行政職の職員からは、「長年県庁で仕事をしてきたが、常任委員会の審議の前日に定時で帰る課長は初めて見た」とお褒めの言葉（？）をいただいた。別の職員からは、「小川課長が来られて、議会答弁作成が10倍速になった」とのコメントをいただいた。実際に10倍になったかどうかはともかく、職員からするとそのくらいの体感速度だということだそうである。ほかにも議会対応の時間が迅速化された点については、職員から感謝されることが特に多かったように思う。

先日、私が課長時代の若手の指導主事で、現在は教育委員会の管理職となっている方から、私の議会対応の仕事の仕方を実践しようと心がけているという話を伺った。私のやり方が必ずしも正しいかどうかは断言できないものの、自分が実践していたことが少しでも根付いているのであれば、大変光栄なことである。

6 個別事案対応（危機管理）

課長として最も胆力を問われたのは、各種個別事案対応である。公立だけで千を超える小中学校（千葉市を除く）、百数十の高校が県内にあり、日々どこかで何らかの事件が起こる。一つひとつに決まった正解はなく、そのたびに何をすればよいのか、全身全霊を傾けて対応に当たった。

千葉県赴任時に教えていただいた、「最悪の事態を想定し、慎重に、かつ素早く、誠意をもって、組織で対応する（危機管理の「さしすせそ」）」という基本原則を頭に置き、とにかく初動対応を重視した。特に多いのが、いじめ、不登校、自殺などの生徒指導系の事案である。このため、生徒指導室の職員は、出身学校種や担当業務の違いにかかわらず、事案発生時は動ける人間がすぐ動くこと、私が打ち合わせ中や電話中であっても遠慮なく情報を入れ、そして速やかに教育長まで報告するよう徹底した。こういう案件は職員にとって「嫌な情報」であり、上司に説明するのを躊躇うような内容であることが多い。生徒指導室の指導主事とは、特にフラットに相談し合える関係を作ることを心がけ、危機のときに「課長に相談することを躊躇わない」ような環境をつくることに留意した。

私の在職期間、生徒指導室長は３年間継続して清水登さんに務めていただいた。清水さんは指導主事、管理主事、市教育委員会、そして校長の経験も生かし、いつも冷静かつ丁寧にすべての案件に対応し、私を支えてくれた。余談だが、彼と私は日本酒という共通の趣味があり、夜の「懇親会」も数え切れないほどご一緒した。生徒指導室の職員も含めた会もたびたび開催し、おかげさまで生徒指導の担当者とは特にお互い意見を言いやすい関係を築くことができた。清水さんとは今でもお互いの自宅を行き来し、日本酒を飲み交わす間柄である。

閑話休題。事案発生時、各学校においては、管理職が中心となり、組織として対応することが重要である。特に直接所管している県立高校については、会議のたびに注意点を管理職に対して周知するとともに、各学校で抱え込まず教育委員会に速やかに相談するよう口を酸っぱくしてお願いした。

生徒指導系の事案以外にも、入学者選抜のトラブル、生徒の進路関係書類の処理をめぐる事務ミスなど、さまざまな事案に直面したが、すべてにおいて何より大事なのは子供の命であり、安全であり、人生であること。まさに先に述べた「すべては子供たちのために」という基本原則に立ち返って仕事をしていくことが何より肝要であったと感じている。

7 まとめ

教育委員会は動きが遅い組織だという批判をよく耳にする。しかしながら、行政官が本職ではない教員出身者が多数を占め、彼らが行政の仕事に慣れないうちは、どうしても前例踏襲になってしまうのはある程度やむを得ないところもある。

この点は仕事の内容面のみならず、手続きや働き方などにも及んでおり、私から見ると「余計な仕事を増やしている」と感じることも少なくなかった。従来の指導課長や、課内の各室長も、教員人事のため一年で異動する者も多く、なかなか見直しが進まなかったのではないかと推察される。その点、私は外部から来た職員であり、課長を3年間にわたり務めさせていただいたため、しがらみもなくさまざまな改善を加えることができたように思う。

一方、私一人の力では、この巨大な組織をマネジメントすることは到底不可能であった。4人の室長をはじめ、管理職の方々にそれぞれの担当業務をうまくまとめていただいたおかげで、私は課全体のマネジメントに専念することができた。そして、私が意思決定をする際には、隣の席に座る副課長に手厚いサポートをしてもらい、特に最初の2年間ご一緒した望月賢二副課長からは多くのことを教わった。彼は千葉県教育委員会の職員として採用され30年以上にわたり教育委員会や学校で継続して勤務し、行政職でありながら生徒指導担当の指導主事も経験した異色の経歴の持ち主であり、これまでの教育委員会での多様な経験を踏まえ、私にさまざまなアドバイスをしていただいた。

教育委員会は業務の性質上、教員出身者の果たす役割が大きい。同時に、教員出身者の専門性を生かし、そのパフォーマンスを最大化するには、行政職員の力が欠かせない。教育行政に関わる深い知見と熱意を持つ行政職員が、教員出身者の専門性をうまく引き出し、両者がうまく支え合うことができれば、よりよい教育行政の実現につながるのではないか。各地方公共団体において、教育行政のスペシャリストたる「教育行政官」が一層育成され、地方教育行政が活性化することを願ってやまない。

《注》

1　その後、2018（平成30）年度の組織再編により指導課から生徒指導及び人権教育の業務が切り離され、「学習指導課」と「児童生徒課」に再編された。

2　いずれも当時の指導課関連業務を担う者の概算人数（筆者による）。

CHANGE from 北九州市

教育行政を通じた社会課題の克服への挑戦

今村 剛志

2004 年入省
現在、スポーツ庁健康スポーツ課障害者スポーツ振興室長
北九州市教育委員会指導部指導企画課長（2013 − 2015）

私は 2013（平成 25）年４月から 2015（平成 27）年３月までの２年間、福岡県の北九州市教育委員会に出向した。本稿執筆時から約 10 年前の出来事であるため、記憶もあいまいで不正確なところもあるかもしれないが、私が行政官として大いに成長することができた本市での経験を以下に記したい。

1　２年間で見えたまちの特徴

（1）北九州の概況

北九州市は、日本列島の西端、九州の最北端に位置し、関門海峡を挟んで山口県下関市と接している。1963（昭和 38）年、門司市、小倉市、若松市、八幡市、戸畑市の５市が合併し、全国６番目、九州で初の政令市として誕生した（それまでの政令市は横浜・名古屋・京都・大阪・神戸）。北九州市を構成する５つの旧市はそれぞれ交通の要衝、鉱工業の拠点として明治以降発展した地域であり、現在でも、ものづくりが産業の中心となっている。1960 年代には深刻な公害問題を抱えるも、それを克服した経験を生かし、現在では政府の「環境未来都市」や「SDGs 未来都市」に選定され

るなど、環境をまちのイメージの中心に据えた市政を展開している。

市の中心産業である鉄鋼業はオイルショック以降、「鉄冷え」と呼ばれる深刻な不況に見舞われ、人口も昭和50年代の107万人をピークに、2015（平成27）年には96万人（2023（令和５）年推計では92万人）と減少。若者を中心に市外への人口流出も見られ（高校・大学の卒業者の市内就職率は２割程度）、高齢化率は2016（平成28）年時点で約３割と政令市の中で最も高く、将来推計では人口は2040年代には70万人台まで減少すると見込まれるなど、まちの活気の一指標である人口という面では緩やかな減退が見られていた。同じ福岡県内の福岡市の人口は、北九州市発足時点では70万人程度であったものが拡大し続け、その２倍以上となる150万人超（2023（令和５）年推計では163万人）となっており、同じ県内でも両市の状況は対照的であった。そのような時期に私は赴任した。

教育関係の現況（赴任当時）としては、教育委員会が所管する市立学校は小学校131校、中学校62校（そのほか幼稚園８、特別支援学校９、高校１、高等専修学校１）、児童生徒数（小中）は7.2万人。

不登校出現率は約１％（2012（平成24）年）と、政令市の中でもよい方であったが、高校進学率97.2％（2012（平成24）年）は20政令市の中で19位、大学進学率50％（2012（平成24）年）は政令市の中で最低の水準であった。しかしながら、この進学率の低さは市政の中では意識されることは少なく、当時は、北九州市の全国学力・学習状況調査の結果が各都道府県と比べても低位にあることをマスコミ各社が報道し、市議会では与野党問わず、調査結果が低調にあることを問題視する質疑が行われ、市政における大きな課題として取り上げられていた。

（２）見えてきたこのまちの特性・課題

北九州市に着任後、最初の３か月は、とにかくまちを見て、人々の話を聞いて、このまちはどういうところなのか、課題は何なのかを知ることに努めた。すでに身分の上でも国家公務員ではなく、市から俸給をいただく市職員であるということを意識して、このまちに貢献するためには、教育行政を通じてどのような課題解決が可能であろうかと思案した。そのため、教育委員会事務局の皆と語らい学校現場を回ることはもちろんのこと、さまざまな会合に顔を出しては教育関係者以外の方々からも話を聞き、教育分野以外の施設等も視察し、業務時間以外にも市内のあちこちに出向いて行った。

（余談だが、多くの北九州の人たち（それぞれ別の人）に、毎回おすすめのお店を聞いて回っていたので、北九州に来て１年が経つころには教育委員会の人たちが市内のお店を私に尋ねるようになっていた。）

私を迎え入れた教育委員会事務局の同僚や上司も、綿密に準備しておいてくれて、ある種見栄えのよい、そこまでの課題を抱えていない「いい学校」ではなく、困難校と呼ばれるところを、市内各区から満遍なくピックアップして校長らとの意見交換を設定し、短時間で効率よく課題を把握できるよう工夫してくれていた。そのおかげで、人々の気質、各区の地域性や特色、というものを極めて短期間でうかがい知ることができた。

あくまでも短期間で教育委員会事務局職員として見聞きした限りではあるが、夏頃までに私が抱いた北九州の特徴や課題は、大きく３点であろうと考えた。

１つ目は先述したように「鉄冷え」と呼ばれる市の基幹産業の低迷。人口減少・人口流出が続き、経済的にも、まちの活気という点でも減退傾向にある点。

２つ目は、極端な地域間格差が見られるという点である。「鉄冷え」に代表される経済的な低迷はあるものの、100万人近くが住む大都市であり、市内には高級住宅地といわれる地域も存在する。一方で、さまざまな歴史的な経緯により低所得層が集中して居住する小学校区・中学校区も存在している。そのような地区の学校では生活保護や就学援助を受給する児童生徒の割合が7割近くになるようなところもあった。そのような地域で困難を抱える学校を、教育委員会事務局では「厳しい地域」「厳しい学校」という表現をしていた。

厳しい学校について、大変印象的だったエピソードが2つある。ある中学の女子生徒が、高校受験を間近に控え家で受験勉強をしていたところ、その親から「高校に行って何になるのか（何の役にも立たないではないか）」と言われて勉強させてもらえなかったという。生活保護で暮らしていけるということがその親にとっては自明のこととなってしまっていて、子供にそのようなことを言ってしまうとのことだった。

まだこのケースでは子供自身に進学意欲があるため、その点は希望が持てるが、もう一つのエピソードは私の北九州市での職務への姿勢を決定付けるものであった。

小学校で教師が、悪ふざけをする男子児童に「そんなことばかりしていると立派な大人になれんよ」とたしなめたところ、その児童が「どうせ市からお金もらえるけ、いいっちゃ（先生の言うこと聞かなくてもいいんだ）」と応じたとのこと。この話を聞いて、こんなに幼いうちから意欲を奪ってしまっているこれは一体何なんだと、驚きや憤りが混ざった、何とも言えない気持ちになった。単なる経済的な格差にとどまらない、意欲の格差が生まれてしまっている、この社会構造は、根深いものなのかもしれないが、自分の在任中の短い時間で、少しでも、教育行政を通じてこのまちの課題解決に貢献しなければならないという思いを強くした話であった。

3つ目は市民の気質として「進取」と「受身」という両極端な特徴があると感じたことである。

北九州は、新しいことに前向きにチャレンジする気風がある。2011年、OECDの「グリーンシティプログラム」のモデル都市にパリ、シカゴ、ストックホルムといった欧米の大都市と並んでアジアで初めて選定されるなど、「環境」を主要テーマに都市ブランドの構築に取り組む点で我が国でもトップランナーといえる。また、今でこそ全国各地で行われるようになったフィルムコミッションを、1989年、自治体としては全国に先駆けて開始した。公害などのネガティブなイメージを払拭するために、新たなことに積極的に挑戦する市のスタンスが印象的である。これは、全くの個人的な想像であるが、本市が近代化の時期に、短期間で急成長した都市であることが関係しているのかもしれない。当時の若者たちが成功を夢見てこの土地にやってきて都市が発展していったという成り立ちから、昔からのしがらみにとらわれることなく、進取の精神に富んだ特性が育まれたのかもしれない。

他方で、全く逆ではあるが「受身」という点もこのまちの気質としてあるように感じる。教育関係者以外も含め、多種多様な方々から話を聞く中で、先ほどの「進取」のケースとは矛盾するが、自分たちではない誰か（国であったり、市役所であったり）に何かをやってもらおうという態度が強く表れることが多々あった。

2 教育行政を通じて市の課題解決に貢献できるか

（1）「97」と「3」

北九州赴任時、市議会では、本市の全国学力・学習状況調査結果が各都道府県と比べて低位にあることについて、再三再四、与野党問わず質疑されるなど教育委員会事務局はプレッシャーを受けていた。教育委員会事務局からは、従前より取り組んでいた授業改善、学校の正課の時間の充実でもってこれらの質疑に対応していたが、より踏み込んだ対策強化ができないものかと考えた。ただし、マスコミや市議会の論調には疑問も抱いた。ランキングが上か下か、ばかりが取り上げられていたが、それは本質ではないのではないかと。

本市の高校進学率は約97％と政令市の中で19番目と低いが、ほぼ

100％と評価することもできる。しかしながら97％ではなく、残りの「３％」に着目すると、全国の約２倍の割合という状況である。中学卒業後に高校へ進学していない者が全国の２倍の割合存在する。このまちでは、中学卒業後に高校へ進学しない15歳が、毎年、200～300人ずつ学校から社会へ送り出されている。彼ら彼女らは安定した職に就く者ばかりではない。不安定な立場で十分な教育・訓練を受けぬまま、10代の後半を過ごす者が一定数いることも現実である。

先述した本市の特徴・課題である、まちの活気の減退、極端な地域間格差を踏まえると、行政としては「97」ではなく「３」にこそ注目すべきであろう。全国学力・学習状況調査のランキングはあくまでも結果であってそれ自体は目的ではない。義務教育である以上、すべての児童生徒の基礎学力を保障するという責務を改めて意識して業務に当たるべきではないか。今後どのような社会となっても、すべての子供たちが基礎的な力を身に付け、職業の選択肢を広げることは、個人の自己実現や幸福追求だけでなく、このまちを支える構成員として活躍してくれることにつながり、社会保障に頼らない納税者が増加することにもつながる。このような取組が本市に必要なものであり、全国学力・学習状況調査結果は、この取組のおまけとして好転すればよい、と考えた。

そこで、在職期間にさまざまな施策に取り組んだが、本稿では特に注力した２点をご紹介する。まず、従来取り組んでいた正課の授業改善に加え、学力保障の施策として、新たに「子どもひまわり学習塾」という名称で、放課後の補充教室事業を始めることとした。もう１点は、困難な状況にある子供たちが、安心して勉強できる環境を整えるための、スクールソーシャルワーカー（以下「SSW」という）の増員である。

（2）放課後の学習支援

「子どもひまわり学習塾」については、次節以降で詳述するが、「鉄冷え」・「地域間格差」の課題にダイレクトに対応する施策として、また、教育委員会が主導して学校現場を応援するものとして「受身」の姿勢にも対応するものとして立案した。しかしながら、「受身」という点については、私の見立てが誤っていたかもしれない。教育委員会が主導して一部の学校を対象に開始した本事業は、北九州の人々が本来もっていた「進取」の琴線に触れたのであろうか、私の離任後、市内の大半の学校に広がり、また、教育委員会から示された一様なやり方ではなく、各学校長らが判断してそれぞれの実態に合った学校ごとの運営方法に発展したとのことだった。

(3) 学ぶどころではない子供たち

SSW については、そもそも落ち着いた環境でなければ学ぶどころではないという子供たちが多くいたことから、その増員に取り組んだ。

私が赴任した当時は市に SSW が導入されて間もない時期であった。以前より、北九州市においては、中学校における問題行動等に対応するため、市内を5つの地区に分けて1名ずつの生徒指導担当の指導主事が学校を巡回し、問題行動が起こればすぐに駆け付けて校長をサポートするという活動を行ってきた。新しく導入された SSW が円滑に現場に入れるよう、これらの指導主事とペアになって学校訪問をし、チームで事案に対応するという運用を行っていた。一例を挙げると、不登校傾向だった生徒についてチームでの家庭訪問の結果、背景として保護者が経済的に困窮していただけでなく疾病も疑われたため、医療機関や福祉部局と連携して支援につなげ、環境が落ち着いたことから保護者が子の将来にも前向きに考えられるようになり高校進学につながったというケースなど、その成果は上がりつつあった。しかしながら、各 SSW が抱える事案が膨大な量となっていた。

本市の課題を踏まえた場合、放課後の補充教室だけでは不十分であり、児童生徒だけでなく保護者へのさまざまなアプローチが重要で、SSW の体制強化は必須と考えた。当時は九州の各地で SSW を導入・拡大しようという動きがあったことから、人材獲得競争に遅れまいと、増員を図ったものである。

任期中、若干名の増員は行うことができたものの、心残りは、SSWの待遇改善である。本市に限らず多くの自治体ではSSWは非常勤の任期付き職員となっている。教員と同様、場合によってはそれ以上の活躍をしたとしても、不安定で定期昇給も見込めない職では、若いSSWに長くこの仕事に就いてもらえず、この制度が永続的なものとはならないと考え、市の福祉職の正規職員として雇用することにチャレンジしたが、こちらは任期中に実現には至らなかった。

3 新たな事業の実現に向けて

新たな放課後の補充教室事業は「子どもひまわり学習塾」という名称にした。「ひまわり」は市の花。正課の授業とは違う放課後の特別な場という意味で「学習塾」とした。本事業は、放課後に希望する児童生徒が、それぞれの習熟度に応じて、大学生や元教員を中心にさまざまな年齢層や職歴の地域の大人たちのボランティア（学習指導員と呼び、ボランティアとはいえ、優秀な人材に責任を持って当たってもらうために謝金を支給）に勉強を見てもらうという取組である。

事業開始年度は、小学校31校、中学校11校でスタート。小学校は3～6年生、中学校は3年生が対象。さらに年度途中からは1か所、土曜日に複数中学校の生徒を対象とした拠点（社会教育施設を活用）を設置し、この1か所の拠点だけは、学習塾を営む民間企業に委託をして運営を行った。学力の向上はもちろんのこと、格差の是正・低所得世帯への支援という側面もあったことから、利用料は徴収せず、支援が必要な家庭の子供にこそ来てもらうよう工夫をした。例えば、拠点型は土曜の昼間に運営することで、自ら塾に通っている一般の生徒は希望せず、塾に行けないような生徒たちが自然に集まるようにした。類似の取組がほかの自治体でも行われている例を聞いていたが、自治体によっては貧困対策として生活保護世帯の子供たちだけを対象にしているケースもある。ただ、そのような手法では、周囲から「あの補充教室に行っている子は……」というような中傷にもつながる可能性を否定できないため、差別が助長されることがないよう配慮をしながら制度を設計していった。

（1）スタート地点にすら立てない危機感

本事業は予算の獲得の段階から困難の連続であった。

まず、次年度（2014（平成26）年度）の予算要求を行うところ、スタート地点に立つまでが最大の難関であった。本事業は、低所得世帯への支援を企図しているが、教育委員会事業として予算要求する以上、それだけを施策の目的とすることはできない。あくまでも一義的には学力向上のための施策とすることが求められる。この「実は低所得層支援」という点で、「どうして教育委員会が福祉施策をやらなければならないのか」という声が上がるなど、教育委員会事務局の中でも賛同を得ることに難航した。

また放課後の補充学習という形式についても問題があった。北九州市では、かつて放課後の補充学習を全市で行うという類似の取組が存在した。しかしながら、その取組は、何ら追加の人的支援が行われることなく、各学校の教師らに対応が求められたため、現場の負担が重く、取組は短期間で終わることになったそうだ。このかつての苦い記憶が学校関係者に強く残っており、あの大変だった施策をまた復活させるのかという強い拒否反応が示された。

通常のボトムアップでは予算要求にすらたどり着けないのではないかと懸念した私は、これまで文部科学省にて、国の政策形成過程において上司らが行ってきたことを見聞きして学んできたこと、そのすべてをこの北九州で、自分なりにアレンジして試してみよう、考えられることはすべてやろうという意識に至った。

多少無理して用務をつくって教育長の公用車に同乗する機会を設けては、車中で、施策の必要性を直接訴えるということもあった。学校関係者の心配に対しては、かつての施策の復活ではなく、今回は教育委員会で人の手当てをし、その採用・トレーニング・配置・謝金等支払いもすべて教育委員会が行うので学校の負担にはならないということを何度となく説明するとともに、校長会など、学校関係者の中でもキーパーソンに対して、施策の重要性を説くことに努めた。そのような場では、私のような、よそ者かつ若輩者が一人で赴いてどれだけ訴えても効果はない。教育委員会の教職出身の部長・課長ら、つまりは説得相手の先輩・後輩に必ず同席してもらい、側面支援をお願いした。ありがたいことに、その頃までには、教育委員会の中でも同じ部局の上司・同僚の皆さんには、私の問題意識が理解されていたのだと思う。キーパーソンを通じて学校関係者の懸念を徐々に和らげていくとともに、市議会関係者にも、あくまでも検討段階と断りつつも、本事業の構想を伝え、議会の期待も高めるよう努めた。

予算要求後は、市の財政部局との折衝である。新規に、予算としては純増となる要求であり、通常であれば十分な予算措置はされない。我々教育委員会としては、この短期的な予算措置が、将来的には、市の生活保護支出を減らすことにつながる、市税収入の増加につながる。単なる目の前の市民の支援にとどまらず、中長期的に経済合理性もある施策であるということを主張し続けた。

この予算編成作業は、最終的に、異例な（我々にとっては望外の）結論に至る。財政部局が市長まで相談した結果、市長も本事業に大変関心を持ってくださり、要求した以上の額となる「増額査定」ということとなった（通常、「査定」とは要求額を減ずることを意味する。要求額以上の予算額を決定することは極めて異例）。

子どもひまわり学習塾は、かつて類似の取組があったとはいえ、幅広く学習指導員を募って実施する初めての取組であることから、手探り状態で準備を進め、せいぜい10校程度であれば間違いなく年度始めから開始できるだろうという見込みで予算要求していたが、増額査定の結果、その3

倍の規模でスタートすることとなった。

（2）手探りの実施準備

予算編成作業と並行して、新年度からの事業実施の準備も進めていった。

本事業のポイントは、多忙な学校現場に負担をかけることなく補充学習の場を設けるため、児童生徒の指導に当たる「学習指導員」を、教育委員会で手配をすることにある。一口に「手配」といっても、実現のためには、①学習指導員の募集・選考、②謝金や保険など労務関係事務、③ひまわり学習塾の運営方法の決定と学習指導員のトレーニング、④実施する学校の決定、⑤学習指導員の配置の調整と日々のスケジュール調整、といったことのすべてを教育委員会事務局で行うということとなる。通常の教育委員会事業であれば大半を学校に委ねるのだが、本件は、先述のように過去の類似事業の苦い記憶を払拭する必要があり、まずは教育委員会で全部やると大見得を切らなければスタートできなかった。

学習指導員となる人材として期待していたのは、退職教員と学生である。退職教員への働きかけはそれほど困難ではなかったが、学生の方は想定外に難航した。市内の求人誌などを参考に、民間の学習塾アルバイトと遜色ない謝金を設定したがなかなか応募が伸びない。ひまわり学習塾を実施する夕方の時間帯は、学生も授業等で忙しく、参加しにくいという事情があった。このため市内の大学を巡回して１校１校協力のお願いに回った。学長など全体を統括する立場の方だけではなく、本事業に関心がありそうな学科、ゼミ、部活動の指導教員や顧問にまとめて学生を派遣することも依頼した。学生や退職教員以外にも、社会教育団体やシルバー人材センターなど、少しでも関心を持ちそうなグループにはとにかくアプローチするということを行い、何とか数百名を集めることができた。年齢は下は10代から上は80代、元教員４割、学生２割、その他４割と、子供たちの支援に関心を持つ多種多様な人材が集まった。彼らの日々の日程調整（直前に行けなくなることは当然あり、代理の者を急遽用意するなど）は教育委員会事務局だけでは実施不可能であるため、民間企業にこの部分は委託して実施した。

元教員が含まれているとはいえ、素人も多く含まれる学習指導員をただ学校に派遣したところで機能はしない。ひまわり学習塾の運営は、教育委員会の指導主事とともに、指導面で評価の高かった退職して間もない元校長を、学力向上推進リーダーという呼称で再雇用し、彼らが運営方法や使用教材を企画・準備し、指導員の事前トレーニング、事業開始後は各校を巡回して指導員の指導に当たることとした。校長経験者は、ひまわり学習塾を実施している学校の現任校長にとっての先輩であり、彼らが巡回することで協力を得やすくなることも期待しての活用であった。

実施する学校の選定に当たっては、全国学力・学習状況調査の結果など、各校の状況は教育委員会において当然把握しており、テストの点数もさることながら学習習慣に関する調査結果も勘案して候補校をピックアップし、個別に、次年度からの本事業の実施を打診した。教育関係者に本事業への懸念があったことから、個別に相談というかたちをとったが、教室が用意できない（実際には工夫次第でスペースはあるにもかかわらず）などさまざまな理由を挙げて受けようとしない学校もあった。そのようなケースでは、教育委員会の教職出身の管理職とともに学校を訪問し、この事業をやらずにこの学校の学力向上をどうやって実現しようというのか、学力の保障を義務教育でやらないのならどこでやるのか、といった説得に当たった。

学校関係者との交渉は、難航することはあってもこちらの意図が伝われば最後は理解してくれるということばかりであった。あくまでも個人的な見解だが、子供たちのために尽くしたいという思いで若くして教師という職業を選択した方々、子供たちの将来を思うよい人たちであって、それはキャリアを積んで校長等の管理職になっても心奥では変わらないのだと思う。そのため最初の印象により誤解されることがあったり、現状を変えることに抵抗を感じたりしても、真意が伝われば理解されるのだと感じた。

（3）民間企業（学習塾）の参加

子どもひまわり学習塾の立案に当たっては、東京都足立区の取組を参考にした。足立区では「足立はばたき塾」という、成績上位で学習意欲も高いが、経済的理由などで学習機会が少ない中学生を中心に参加を募り、民間学習塾に委託して勉強会を実施する事業を行っていた。都立高校の中でも一部の難関校の入試は難問であり、民間学習塾を利用できない生徒は、事実上、都立難関校に挑戦することが難しいということがこの事業が始まった背景であったと聞く。公立高校の位置付けや入試の難度など、東京と福岡では事情は異なってはいるが、困難を抱える中学３年生の受験支援として民間学習塾を活用するという手法は大変示唆に富んでいた。

ひまわり学習塾をどのように運営していくかは手探りの状態であり、どのようなやり方が正解なのかは、この時点では明確ではない。このため、生徒が自分の在籍中学校で放課後に指導を受けるというスタイルとは別のやり方として、民間事業者のノウハウを活用し、生徒にとっても、自校以外の別の場所に勉強しに行く、目的を同じくする別の中学校の生徒もいる、普段の教師とは違う塾講師の指導を受けるという点でよい刺激を受けることを期待して、「拠点型」を試行的に市内１か所で始めることとした。

この拠点型は、県内の大手学習塾が受託し、小倉北区１か所で年度途中からスタートし、約半年間の活動を終えた全員が高校に合格できたことで、一定の成果があったと思う。個人的にも泣くほどうれしかった。ただ、手放しには喜べなかったのは、参加生徒のうち１名、事情により最後まで活動を続けられなかった生徒がいたことだ。単に学習の場を用意するだけではこのまちの課題は解決できない。先述のSSWの体制強化を試みた背景の一つにもなっている。

（4）餅は餅屋

2013（平成25）年、生活困窮者自立支援法が制定され、2015（平成27）年より同法に基づく支援事業の国庫補助が始まった。この支援事業のメニューの一つとして、「生活困窮世帯の子どもの学習・生活支援事業」が含まれていた。

教育委員会では、この国庫補助事業の補助率が、ほかの事業に比べて国の負担割合が高かったことから、子どもひまわり学習塾にもこの補助金を充てられないか検討していた。技術的には、子どもひまわり学習塾の参加児童生徒の中から、同法上の「生活困窮世帯」に該当する者の数を抽出して、その分だけを国に申請するということでクリアできるのだが、同時期、北九州市の福祉部局においても生活困窮世帯向けの学習支援の事業を検討していたことから、調整が必要となった。

福祉部局においては子供を集めて勉強を教えるという経験はなく、市が自ら実施することは実現的ではない。このためほかの自治体の例に倣って、民間の団体に委託することを考えていた。

子供たちの居場所はさまざまなところがあってもよいかもしれないとも自問したが、困難を抱える家庭の子供たちの学力を確実に向上させたい、子供が安心できる居場所はいろいろあった方がよいが、学習支援については教育委員会の責務だという思いが強かった。また、生活困窮世帯の子供だけを集める学習支援は、要らぬ中傷を生みかねない懸念もあった。学習指導員へのトレーニングや教材の準備、退職校長の巡回指導など、ひまわり学習塾を質の高いものにすべく努力している自負もあったことから、最終的には福祉部局に出向いていき、ひまわり学習塾事業が生活困窮者自立支援法の趣旨に合致することや、教育委員会がノウハウも実績もあるので、餅は餅屋に任せてほしいとお願いし、本市では学習支援はひまわり学習塾に一本化した。

なお、ひまわり学習塾の参加児童生徒について、参加してほしい家庭の児童生徒には、個別に本人や保護者に学校から働きかけるということを行っていた。学校からの働きかけに加えて、福祉部局が実施する支援事業の案内にひまわり学習塾のチラシを同封し、一部では生活保護担当のケースワーカーから家庭に働きかけを行った。特にケースワーカーからの働きかけは効果が絶大で、「餅は餅屋」、福祉部局ならではのアプローチで協力いただいた。

4 おわりに　あの２年間を振り返って

私なりに市内で見聞きして確信した、このまちにはこのような取組が必要だという思いは、当時の周囲の上司や同僚たちの賛同を得られて、ひまわり学習塾をスタートすることができた。その後、2022（令和４）年度は小学校は93校（全128校のうち）、中学校は全62校（うち33校の生徒は拠点型５か所）で行われているそうだ。教育委員会においても人事異動等でメンバーが変わりながらも、継続・拡大しており、当時の考えが受け入れられ、引き継がれているのであれば、大変うれしいことと思う。

その後、北九州市教育委員会においては、私が在職時にもお世話になった教育長をはじめとした事務局の皆さんや、私の後任の文部科学省出向者たちの尽力で、学力・体力向上のための大幅な組織改編を行うとともに、学校現場の管理職・教師たちの意識改革が進んだと聞く。問題解決のために新しいことでもとにかくやってみよう、という私たちの小さな試みが、北九州の「進取」をくすぐり、バタフライエフェクトさながら、その後の大きな改革につながっていったのではないかと、誠に勝手ながら想像している。

個人的には、北九州に赴任する前の2009～2011年、リーマンショックの直後、教育と格差の問題が行政課題と認識され始めた時期に、生涯学習政策局にて本件担当として白書で特集を組んで執筆するなどの業務に携わっていた。東京で議論していたことが、北九州では、まさに目の前の現実として存在しており、自分がそれまで学んできたこと、培ってきたこと、すべてをぶつけて、それでようやく一歩でも前進できるかなという思いだった。その奔走の日々なくして現在の自分はないと思う。成長の機会を与えてもらったこと、第二の故郷といえる土地に出会えたことを深く感謝している。

CHANGE from 鹿児島県

鹿児島県における学力向上対策について

山本 悟
2007年入省
現在、初等中等教育局教育課程課学校教育官
鹿児島県教育委員会義務教育課長（2018－2021）

本稿においては、鹿児島県において実践した学力向上対策について、私の経験を述べたい。私は2018（平成30）年４月から2021（令和３）年３月までの３年間、義務教育課長として鹿児島県教育庁に出向した。出向前、文部科学省の業務では修学支援や生徒指導は担当していたものの、教科指導や学力に関する知識は人並みであり、鹿児島県の「学力」に対して特段の意識は持っていなかった。出向直後の４月に2018（平成30）年度の全国学力・学習状況調査（以下「全国学力調査」という）が実施され、７月下旬に当該調査の結果が公表される段階になり、鹿児島県の学力の状況を改めて、深く認識した次第であった。

2018（平成30）年度の鹿児島県の全国学力調査の結果は、小学校・算数のＡ問題のみが全国平均を上回り、その他の小学校・国語、中学校・国語、数学及び理科は、Ａ問題、Ｂ問題ともに全国平均を下回った（表１）。特に中学校においては６年連続で全教科が全国平均以下となった。都道府県別の順位について言及するのは好ましいものではないが、報道等では否応なしに明らかにされるため触れることとする。この調査の時点で、鹿児島県の中学校の調査結果は、全国47都道府県の中で“およそ下から２番目”という位置にあった。

結果が公表された際、当然ではあるが地元メディアでは大きく報道された。一部の教科が「全国最下位」と報じられたことは、本当に苦しかった。結果はありのままの結果で自分たちの責任であり、何も言い訳ができない。各方面から厳しいご意見をいただき、この深刻な事態に頭を抱えた。「県教育委員会は、これまで学力向上に向けてさまざまな施策を実施してきたはず。なのになぜ結果が向上しないのか。何が原因なのか」とストレートに問われた言葉が、深く心に突き刺さった。かくして始まった私の学力向上対策の道のりではあるが、今回は１．鹿児島県の学力をめぐる状況、２．対策、３．変化の順に概略を説明したい。

1　鹿児島県の学力をめぐる状況

最初に、鹿児島県が抱えている教育事情として、次の３点を紹介する。まず、就学援助の対象となる児童生徒の割合が22.2％となっており、全国で４番目に高い（2018（平成30）年度・文部科学省就学援助実施状況等調査結果より。全国平均は14.7％）。次に、県内の公立高校の入試倍率が0.82となっており、全国で２番目に低い（2020（令和２）年度・県教育委員会調査。全国平均は1.20）。最後に、通塾率が小学校で20％、中学校で29％と低い（2018（平成30）年度・全国学力調査等。全国平均は小学校32％、中学校42％）。何が言いたいのかというと、言い訳するつもりはないが、鹿児島県全体の学力を向上させるのは容易なことではないということだ。

学校現場の学力調査への意識について述べると、具体的な調査結果の数値への認識・関心は低かったと言わざるを得ない状況であった。鹿児島県の学力調査結果の現状を把握していない者がほとんどであるし、教職員の多くは「学力調査はあくまで児童生徒の学力の現状を把握するもの」という認識であった。このため、「全国学力調査の結果を向上させるために、対策をすることはおかしい」という声も根強くあった。

鹿児島県においては全国学力調査とは別に、小学校５年生、中学校１年生及び２年生を対象とした、県独自の「鹿児島学習定着度調査」を毎年度悉皆で実施している。調査は、小学校４教科、中学校５教科で行い、県教育委員会・現場の教員が苦心しながらオリジナルの調査問題を作成している。この調査は、正答率７割を目標に難易度を調整して作問されているが、2017（平成29）年度の調査では、全14教科（小学校４教科×１学年＝４教科、中学校５教科×２学年＝10教科）のうち目標の７割を超えた教科はゼロ。2018（平成30）年度は３教科であった（表２）。私は、自分たちが独自に実施している学力調査なのに、鹿児島県の教員の方々は、なぜ真剣に取り組まないのだろうかと、素朴な疑問を抱いていた。

2 対策

話を学力向上対策に移したい。やれることはありとあらゆることをやってきたつもりだが、紙面の関係上、主要なものとして、（１）意識改革、（２）データ分析とデータに基づく指導、（３）組織的対応の推進、（４）教育委員会・学校訪問の４つに絞ることとする。

（１）意識改革

まずは、県内の市町村教育委員会や学校現場の教職員の方々の意識を変えることに着手した。2018（平成30）年度全国学力調査の厳しい結果を踏まえ、県内市町村教育委員会指導主事、学校の管理職、教員に対して、以下のような内容を伝えた。

「2018（平成30）年度の全国学力調査の結果等を踏まえると、鹿児島県の学力の状況は非常に厳しいと言える。この厳しい状況を受け止めていない方々が非常に多いことが本当に恐ろしい。毎年毎年同じ結果が繰り返されてきている。ずっと同じことが繰り返されてきていることも本当に恐ろしいと思う。学校は本来、学力を定着させるところであるはず。もちろん、学校教育には、生徒指導、キャリア教育、部活動、種々の学校行事などさまざまな教育活動が行われているため、学力向上だけが目的ではない。しかし、児童生徒に確かな学力を定着させることは、まさに学校の中心的な使命ではないのか。学力を定着させないと、児童生徒は将来、高校、大学進学、就職の道が絶たれたり、将来の選択肢が狭められたりすることになる。鹿児島県の学力の状況を保護者の方々が見て、「学校は一体何をしているんですか」と問われれば、あなた方はどのように返答するのか。目の前にいる子供たちの可能性を閉ざしてしまうことがあっていいのか。それは絶対にあってはならないはずだ。ずっと結果が出ていないことについて、皆さんは、悔しくないのですか。このままで本当によいのですか。鹿児島県の未来を担う子供たちに、しっかりと力を付けさせてやらないといけない。本県の学力に関する課題は、本当に喫緊の課題である。危機感を持って取り組んでほしい」。

上記の内容を大きな声で、県内全域から集まった150人ほどの市町村教育委員会指導主事や教育行政関係者の前で伝えた。また、同じ話を200名ほどの学校の教職員が参加した「学力向上フォーラム」でも伝えた。自分の人生の中でこれまで熱く､大きな声で訴えたことはなかったと思う。「少し言い過ぎたか」と思ったが、本当のことであるし、言ってしまったものは仕方がない。会の終了後、会場の参加者のアンケートをすべて１枚１枚確認してみた。多くの参加者が「目が覚めました」「今まで自分たちができていなかったことがよくわかった。これではいけないと思い、頑張りたい」などと前向きな内容を書いてくれていた。一方で、一部、「山本課長は、学力の意味を理解していないのではないか。数字だけでは学力は測れない」「現場は人手が足りない。学力向上だけが学校の仕事ではない。現場に来てみればあなたの考えも変わるはず」「上からものを言うだけではなく、実際に何をすべきか示せ」などの意見も多くあった（なお、このようなご意見は、当初だけではなく、その後もさまざまなかたちで、関係者から直接または間接的に私に寄せられた）。

「学力向上」と訴えても、簡単ではないことを痛感した。当然だ。東京から突然やってきた若造が大きな声を発しただけで変わるなら、誰も苦労はしない。しかし、もう啖呵を切ってしまったので、ここまで来たらとことん取り組もうと心に決めた。やるなら徹底的に取り組もうと。そこから、何度も何度も繰り返し県内の市町村教育委員会と学校を訪問し、意識改革を図るために「鹿児島県だけが特別ではない」ということを強く訴えた。つまり、市町村教育委員会や学校を訪問すると、「うちの地域は学校の体制が十分に整っていない」「うちの学校は大規模校で生徒指導の課題を抱えていて」など、学校の地理的環境、そのときの教職員の状況、児童生徒の状況、家庭の状況など、とにかくさまざまな事情を学力調査の結果が低い原因として挙げてくる。私は、「それは鹿児島県だけが抱えている事情ですか？」「あなたの学校だけが抱えている問題ですか？」と切り返した。隣の宮崎県、熊本県も北海道も東京も大阪も、全国すべての地域と学校でそれぞれの課題や抱えている事情があるはず。鹿児島県だけが特別な課題を抱えているわけではない。へき地・離島は鹿児島県だけにあるわけではない。教職員、児童生徒、家庭の課題は全国共通だ。課題を抱えていない学校など、この世の中にあろうか。全国の学校の児童生徒が、同じ日に、同じテスト問題で、同じ条件の下、一斉に調査を受けたのだ。その中で全国平均という結果が出て、鹿児島県は平均と大きな差が生じている。そしてその状況が長年継続している。それはおかしいことではないか。この現状について本気で考え、結果を出すために本気で取り組もう。と何度も何度も呼びかけ続けた。

県内各地を訪れ、各方面と学力の問題について話をしていくと、意外にも学力向上の取組に賛同する声も多くいただいた。「鹿児島県は教育県だ。これまで多くの日本の礎を築いてきた偉人を輩出してきた。地域と学校が協力する文化が根付いている。教職員も、毎日夜遅くまで一生懸命だ。なのになぜ学力調査の結果が悪いのか。学力が低い県だと思われて嫌だ。何とかしてもらいたい」などの声を知事、県議会議員の方々、PTA の方々からいただいた。県内の退職された校長先生の団体(退職校長会)からも、厳しいお言葉と激励をいただいたのには驚いた。また、まさに現役で県の教育行政を担っている県教育委員会、市町村教育委員会の中からも、「このままでは絶対にダメだ。これからの鹿児島県を担う人材が育たない。何とかしたい」と熱いお話をもらった。やるしかないと思った。鹿児島県の子供たちの未来を真剣に考えている方々には、児童生徒の学力について非常に強い思いがあったのだ。私は、義務教育課長として、絶対にその思いに応えたいと思った。意識改革は、いわば"発破をかける"ことに注力し、教育委員会訪問、学校視察、研修会、講演会、イベントなどあらゆる機会を通じてメッセージを伝えた。

(2) データ分析とデータに基づく指導

並行して着手したのがデータ分析である。全国学力調査、鹿児島学習定着度調査は、ありがたいことに県内全学校の調査結果がわかる。学校単位でも把握できるし、学級単位でも把握できる。まずは徹底的にデータを分析した。学力調査の結果を地区別／市町村別／学校別／規模別／教科別／経年変化など、さまざまな観点・角度で整理すると、いろいろなことがわかってくる。同一の地域、ほぼ同じ規模の学校であるにもかかわらず、調査結果（合計正答率）が50ポイント以上も違ってくることがある。高校入試の倍率が高く、通塾率が高い都市部と、反対の状況にある離島地域の地区平均を分析すると、離島の方が高い場合がある。例えば地区別の結果は、熊毛地区（種子島、屋久島）が最も高かった。また、同一地域・同一規模の２つの町（Ａ町、Ｂ町）を比較したところ、Ａ町とＢ町で大きな差が継続している。Ａ町は毎年度全国平均以上の結果である一方で、Ｂ町は毎年全国平均、県平均よりもかなり低い結果が続いている。さらにさらに、ある市内の隣り合う２つの同じ規模の中学校を比較すると、継続して明確な差が生じているものもあった。家庭の経済状況も、教職員の経験年数や人数も、児童生徒の数や状況もほぼ同じなのに、なぜこのような差が生じるのか。

さまざまな議論·検討を県教育委員会の中で行ったが、要は教職員の「意識」の差であると、一つの「解」を出した。いろいろ考えてみたが、さまざまな事情や課題を学校が抱えていても、効果的な取組によりそれらは解消され、学力の結果は伸びていく。その取組を行うか行わないかは、教職員の「意識」による。取組が十分行われていない学校に「意識」を変えてもらうためには、まずは現状を知ってもらうことが必要だ。しかし、上記のような分析結果を県内市町村や学校はほとんど知らなかった。これまで外的要因（地理的状況、家庭の経済状況等）による差だと思われていた学力の差は、実は「意識」の差によるものであることを示すため、データを整理して相手に響く資料を作成し、厳しい現状にある市町村・学校を訪問して、データを基に真正面から語った。中にはそのようなデータ（厳しい学力調査の結果が継続していること）を本当に知らなかった教育長さん、校長先生もいらっしゃり、のけぞって驚かれていた。こうしたデータに基づく指導に対しては、「うちの地域は○○で」「うちの町は△△で」「うちの学校は□□で」ということが言えなくなる。また、私はあえて６年間という経年でデータを整理・分析することにこだわった。管理職は基本的におよそ３年で定期的に異動する。学力調査の結果が低いのは、今の一時期だけだと思っていた管理職が多かった。直近の２、３年の結果は意識するが、６年というスパンではあまり確認しないため、自分の学校が学力に課題があり、それを長年解決できていないことに気付いていないのだ。６年継続したデータを基に、同一地域・規模の学校同士を比較されると、「『今年の』うちの学校（学年）は……」ということが言えなくなる。

このようなデータに基づく指導により、外的要因ではなく自らの意識、そしてその意識からなる取組に要因があることをまず自覚してもらった。その上で、市町村の中で（具体的には管理職研修会で）、学校の中で（校内研修会、職員会議で）データを教職員間で共有してもらい、児童生徒と直接関わる教員に「自分たちは本当にこのままでよいのか？」という問いについて真剣に語ってもらった。教育委員会・学校では「このままでいい。仕方がない」とは当然ならない。なぜなら、同じ環境・状況で結果を出せている市町村や学校が現実としてあるのだから。そして、目の前の児童生徒の未来は、我々教育委員会、学校、先生方の努力にかかっているのだから。

（3）組織的対応の推進

県内の地域、市町村、学校間の差を生み出している要因を深く分析すると、高い結果を出している自治体や学校では、学力向上の取組方、徹底ぶりが違っているのがわかった。組織全体でしっかりと、意図的・計画的に取組を徹底して実行していた。では徹底ぶりの違いはどこから生じるのか。先ほど述べた、現場の教職員の「意識」だ。ではその意識はどこで変わるのか。結論を言えば、組織の風土と「見届け」だった。

「見届け」については後述するとして、まずは組織の風土について説明する。風土とは具体的には、その地域や学校の伝統、いわゆる学校のルーティーンである。そのルーティーンの中に入ってしまえば、およそ教員は組織全体の動きの中で取り組んでいく傾向にある。しかし、組織の風土はすぐにつくれない。この課題に対しては、県教育委員会の「学びの組織活性化推進プロジェクト」で対応した。2018（平成30）年度から開始した県教育委員会の事業である。モデル校を指定し、校内に学力向上対策に関する組織を設置する。学力向上担当教員を中核に、管理職を含め、学年・教科の枠を超えて皆で集まって児童生徒の学力の現状や対策を語り合う。対策を決め、分担して全員で取り組む。当該学校の組織的対応をサポートするため、県総合教育センター、大学教授等の専門家を派遣し、取組についてアドバイスを行う。校内の一部の教員だけが学力向上に取り組むのではなく、学校組織全体の風土をつくることが重要であり、全員で分担して学力向上に向けて取り組むことを強く推進した。モデル校の取組は、同一地域のほかの学校にも波及させるため、校外研修として近隣の学校の教職員にも参加してもらったり、公開授業で横展開を図ったりする取組も実施した。全員で、全校で取り組むことが重要である。この事業は、私の前任の義務教育課長が企画・立案してくれたものだが、まさに本質を捉えていると思った。児童生徒の学力は学校が組織的に取り組まなければ絶対に上がらない。組織的対応が教職員全体の意識を変え、毎日の授業の質を変え、児童生徒に確かな学力を定着させていくのである。

推し進めるのが難しかったのは、演習問題の取組であった。学力調査の問題を日常の学校の授業等で取り扱い、児童生徒に解かせるというものである。よく耳にするのが、「全国学力調査の結果を上げるために、調査本番の直前に過去問を学校に配り、児童生徒に取り組ませる。こんなことをして何の意味があるのか」という声。しかし、当時の鹿児島県においては、大部分の学校は、直前どころか、そもそも演習問題の取組自体を行っていなかったと思われる。毎年の学力調査において、同じ内容の問題で同じように児童生徒がつまずき正解を導くことができず、全国平均との差が同じように生じていた。全国学力調査は４月に実施される。鹿児島県独自の定着度調査はその前の学年の１月に実施される。深く分析してみると、同じ年の１月に出題した問題と同じ内容の問題が、３か月後の４月の全国学力調査でも低い正答率となっていた。調査問題を解いたのは同一の児童生徒であるにもかかわらずだ。「事前対策はおかしい」という話以前に、調査本番で不正解になった問題を解けるようにしていないのである。普通、テストで多くの児童生徒が間違えた問題は、やり直しをさせたり、解説をしたりして正解できるようにするものだろう。学力調査を、あくまで「現状を把握するためのもの」と捉えていたなら、「現状を捉えた後、どうするのか」を考えてほしい。問題を解く力が定着していないなら、定着させるようアクションを取るべきである。授業で指導した内容が定着していないから問題が解けないのであれば、授業における指導方法を改善するべきだ。「現状を把握するための調査だから、事前に対策をすることはおかしい」ともっともらしく言うが、現状を把握しても、その調査後に何もアクションを起こしていないではないか。だから学力調査で平均や目標に到達しない結果が、長年継続しているのではないか。このような話も、市町村教育委員会、学校管理職等に向けて繰り返し伝えた。

そもそも、演習問題の取組とは何か。全国学力調査本番の直前だけ集中して問題演習を実施し、高い結果が出ればそれでよいという話なら、言語道断であると私は思う。また、児童生徒が解く問題の内容が、単に知識を暗記しているかを問うだけの問題であれば、いくら徹底的に取り組んでもそれほど学力向上の効果は表れないだろう。しかし、全国学力調査や鹿児島学習定着度調査の問題は、児童生徒の思考力・判断力・表現力を試す問題となっている。例えば、複数の資料から内容を読み取り、自身の考えを文章で書かせたり、正解そのものではなく、正解に至る過程を説明させたりする問題となっており、これからの児童生徒に必要な資質・能力を問う問題なのである。

それでは、児童生徒の学力を定着させるために、年間を通じて、意図的・計画的に、上記のような質の高い内容の演習問題を実施させることについては、どうだろうか。何も問題はない。むしろ、インプットされた知識・技能をしっかりとアウトプットする場が演習問題であり、しっかりと思考・判断・表現させる機会を、意図的・計画的に設けているのであって、大いに実施していただきたいと思う。そのような年間を通じた継続的な取組により、本当の学力は定着する。したがって、我々は全国学力調査や鹿児島学習定着度調査の過去問を、“年間を通じて意図的・計画的に”実施するように指導助言を行った。その際、調査の直前だけ実施することがないように指導した。また、演習問題の取組は組織的に共通認識の下で取り組むように指導助言を行った。つまり、何のためにするのか、どのような場面で、どのような形式・方法でやるのか(採点・解説、補習などのやり方)、を市町村内、学校内でしっかりと揃えてもらうようお願いした。さらに、児童生徒が思考力・判断力・表現力を問う演習問題が解けるように、指導方法の改善＝授業改善もセットで行うことを指導した。

指導助言や依頼により実現できるのであれば誰も苦労はしない。当然ではあるが、現場からは「働き方改革に逆行する」などと声が上がる。しかし、どうしても学校現場の先生方に取り組んでもらう必要がある。私は、鹿児島県が本当に危機的状況にあることをとにかくしつこく説いて、県教育委員会、市町村教育委員会、学校の管理職に協力を依頼した。児童生徒に解いてもらいたい演習問題は、県教育委員会（義務教育課、県総合教育センター、県教育事務所）が手分けして編集・作成し、データを各学校に送付した。使いやすいよう、演習問題を１題につきプリント１ページに編集したり、問題を各教科の単元別に整理し、授業中や単元テスト、宿題で扱うことができるようにしたりするなど、県教育委員会内で議論しながら工夫した。しかし、「それを印刷・配布する学校の人手が足りない」という声が上がる。市町村教育委員会が、市内の全校・全児童生徒分を印刷して冊子にし、配布した市町村もあった。「児童生徒が説いた問題を採点する人手が足りない」という声が上がる。校長、教頭や担任以外の教員も一緒になって手分けして採点に当たった学校もあった。低学年の担任、技能系教科の教員も協力してくれた学校もあった。解説もしないと児童生徒が理解したことにならないため、個別指導を全教職員で分担した学校もあった。やり方はそれぞれの学校で工夫してもらい、県教育委員会はこうした取組事例を広く共有した。なるべく学校現場に負担を生じさせないように配慮を行った。次第に、上手に日常の学習指導に取り込み、意図的・計画的に年間を通じて実施している学校も出てきた。

（４）教育委員会・学校訪問

データ分析等を通じて見えてきた市町村・学校間の差は、繰り返しになるが、取組の「徹底」の度合いであることはすでに述べた。内面から出てくる意識により取組が徹底される場合もあるが、取組が実施されているかどうか、外部から確認される＝「見届けられること」によっても「徹底」が実現する。つまり、効果的な学力向上の取組を学校現場に依頼しても、言いっぱなしではダメだということだ。ある市町村は実施しているが、こちらではしていない。同じ市町村内でも、ある学校はやっているが、こちらの学校ではまだ着手もしていない。さらに同じ学校内でも、この教員は熱心に取り組んでいるが、ほかの教員はできていない。それぞれの段階において、トップや管理職による見届けが行われ、多少の差はあっても、すべての学校、教員が同じ方向を向いて同じレベルで取り組んでいることが重要である。我々は「見届け」というキーワードを合言葉に、取組が徹底されているかどうか、複層的な確認を行った。具体的には、①授業改善、②演習問題、③個別指導の３点について、「実施計画の策定の有無」「開始時期」「実施頻度」など、複数項目をもって取組の実施状況を把握することとした。その調査は、一般的な調査の形式はとらず、市町村教育委員会に対しては県教育事務所が、各学校に対しては市町村教育委員会が、校内の教員に対しては学校の管理職がそれぞれ「見届け」を行うかたちで実施した。県教育委員会義務教育課は、すべてを確認することは不可能であったが、可能な限り学校、市町村教育委員会、教育事務所をそれぞれ訪問し、各段階で「見届け」が実施されているかどうかを把握した。

県教育委員会義務教育課が取組の依頼や「見届け」を行う際は、実際に現場を訪問することを重視した。面と向かって直接、真剣にお願いしないと、こちらの本気度も伝わらない。取り組んでいただいている場を、わずかな時間かもしれないが実際に自分の目で見たかった。また、相手に顔を見せることで本音を語り合い、信頼関係を築くことが何よりも大切であると考えた。

学校を訪問する場合、授業を見学し、終了後に管理職と意見交換を行うと、１校の訪問で半日はかかるのが通常だ。鹿児島県は南北600キロメートルに及ぶ県域を有しており、通常のやり方で学校を訪問していると、とんでもなく時間を要してしまう。そこで、１校当たり約20分のショート学校訪問を１日で10校程度こなす取組を実施した。多い日には１日で12校訪問したこともあった。事前に訪問する学校の状況をある程度把握しておき、校長先生からの説明、こちらから取組状況の確認、対応依頼等を

20分程度で行う。集中すれば、校長先生からの話もちゃんと聞けるし、確認したいことは把握できる。また、一度顔を合わせたら、さらに聞きたいこと等があれば電話もかけやすくなるし、２回目の訪問もしやすい。教育事務所、市町村教育委員会の指導主事の方々には誠に申し訳なかったが、かなり濃密なスケジュールを組んでいただいた。おかげで、出向期間中の３年間でのべ250校を訪問することができた。もちろん、訪問したすべての学校が20分の訪問ではなく、ときには通常の訪問スタイルの学校訪問もあり、重点的に指導助言が必要な場合は、２回、３回と訪問した学校もある。

義務教育課長として私が訪問することとは別に、義務教育課指導監（課長級）にも同じように学校を回っていただいたことが効果的であった。さらに、各地区の教育事務所長にも、管内の学校を回っていただいた。当然このような動きをしていれば、市町村教育委員会の教育長の方々も、自分の市町村内の学校を一生懸命回って指導助言を行う。いろいろなかたちで相乗効果が出てきた。

3 変化

上に述べた取組をとにかくがむしゃらに全力で続けてきた。義務教育課内で、何度も何度も指導主事たちと議論して取組の試行錯誤を繰り返した。変化を感じたのは出向して２年目の夏頃だったかと思う。あらゆる機会で「学力向上をお願いします」と言い続けてきたことが徐々に浸透してきたのか、教育事務所、市町村教育委員会や学校が自発的な取組を開始するなど、動きが出始めた。例えば、先ほど述べた市町村教育長による各学校への学力向上のための巡回訪問、学校における休み時間・放課後の補習、町営塾、市内の学力向上のための教職員研修会の開催などである。

課題であった演習問題の取組についても、徐々に浸透してきた。当初はどうしても進まない学校もあったりしたが、子供たちができなかった問題が解けるようになると、教員も喜びを感じるらしく、「子供たちのためなら」という思いで導入が進んでいった学校もある。先生が、一生懸命問題を印刷して児童生徒に配布し、丁寧に採点・解説しているという報告を聞くと、本当にありがたく思った。全国学力調査の思考力・判断力・表現力を問う問題は、なかなか最初は解けないものである。記述式の問題に対して最初は全く書けない児童生徒もいる。しかし、やはり問題を解くことをコツコツ積み重ねていくと、子供たちが解けるようになるのである。「わかった、できた！」「解けるようになった！」という子供たちの純粋な学びにおける喜びである。また、教員も「理解させることができた！」という確かな手応えを感じることができたという。

今思えば、最初からこの学びにおける喜びについて訴えていけばよかったのである。「子供たちが思考力・判断力・表現力を問う問題を解けるようにすること」が、目標なのだ。鹿児島県の教員は、子供たちの純粋な学びのためなら労を厭わず全力を尽くす。そういった文化が根付いていたからこそ、このような変化があったのだとつくづく思う。

市町村教育委員会の協力が進んだことが本当に大きかった。東京から来た若い課長が何度も何度も「学力向上」「学力向上」と言って学校を回っているのを見て、「こりゃいかん、私らがやらんと」と言って、自分の管内の学校を一生懸命巡回し、校長に指導してくれた教育長さんが多くいてくれたことが本当によかった。各方面から反発の声を多くいただき、さすがの私も心が折れそうになったこともあったが、「山本課長、あんたが今やっていること、県内の学校に言い続けていることは、絶対に間違ってないよ。一緒にやりましょう」と言ってくれた教育長さんもいた。涙が出るほどうれしかった。当時関わった教育長さんたちに、心から感謝を申し上げたい。

また、学校訪問で話をした校長先生、教頭先生にも感謝したい。当時は、学力調査結果を分析したデータを見せて、とにかく厳しい現状を突き付け、指導助言を行っていた。管理職の責任だけではない部分もあるし、どうしても解決できない課題もある中で、私のストレートな物の言い方も受け止めてくれた。校長先生、教頭先生が歯を食いしばって校内の教員をまとめて、組織で取組を徹底してくれた。そして、何よりも感謝したいのは、日々、授業等で児童生徒に向き合っている鹿児島県の先生たちだ。ただでさえ多忙である中で、子供たちのために一生懸命、ひたむきに取り組んでくれた。

最後に調査結果の数値面の変化に触れておく。全国学力調査の経年の変化は、表１の通りである。2021（令和３）年度に小学校、中学校ともに結果が改善した。この結果が公表されたのは、2021（令和３）年の夏だったので、私はすでに東京に戻り文部科学省で勤務していた。現地で仲間たちと喜びを分かち合うことができなかったのは残念だったが、県教育委員会の方々、市町村教育長さんや指導主事、校長先生などから、たくさんの電話やメール、お手紙をいただいた。

現在は、小学校にも中学校にも全国平均を下回る教科（特に、長年の課題である中学校の数学）はあるが、全体的・総合的に見れば全国平均と同程度の結果となっているのがわかる。以前のように、「全国最下位」や「全都道府県の中で下から２番目」と言われるようなことは、もはやなくなったと思う。私が鹿児島県を去った後も、しっかりと後任の義務教育課長や、鹿児島県の教育関係者、先生方が一生懸命取り組んでいただいているからだろう。また、何よりうれしいのが表２の鹿児島学習定着度調査の結果の変化だ。鹿児島県の教育関係者が大切にしてきた調査に、各学校がしっかりと向き合い、調査結果を生かしながら児童生徒に力を付けさせていることがよくわかる。ただし、この原稿を書いているのは2023（令和５）年７月である。2023（令和５）年度の全国学力調査の結果はわからないので、結果が維持・向上されていることを切に願う。しかし、結果が悪かったとしても、また頑張ればいいではないか。あのとき県内の教育関係者全員で一生懸命取り組み、結果を向上させた経験がある。そのときのことをまた思い出し、取り組んでいただければいい。

以上が、私が出向中に取り組んだ鹿児島県の学力向上対策の概略である。出向した先が鹿児島県であったことを、心からよかったと思う。結果が上向いてきたのは、児童生徒の未来についていつも真剣に考え、ひたむきに向き合っている鹿児島県の教育関係者の皆さんが「一緒にやろう！」と一生懸命取り組んでくれたからだ。鹿児島県の皆様への心からの御礼をもって、本稿を締めることとしたい。

		R4年度			R3年度			R1年度			H30年度		
小学校（6年生）	教科	県平均正答率	全国平均正答率	県と全国との差	県平均正答率	全国平均正答率	県と全国との差	県平均正答率	全国平均正答率	県と全国との差	県平均正答率	全国平均正答率	県と全国との差
	国語	66.0%	65.6%	+0.4	67.0%	64.7%	+2.3	66.0%	63.8%	+2.2	A 70.0% B 53.0%	A 70.7% B 54.7%	A -0.7 B -1.7
	算数	63.0%	63.2%	-0.2	71.0%	70.2%	+0.8	65.0%	66.6%	-1.6	A 64.0% B 49.0%	A 63.5% B 51.5%	A+0.5 B -2.5
	理科	67.0%	63.3%	+3.7							59.0%	60.3%	-1.3

		R4年度			R3年度			R1年度			H30年度		
中学校（3年生）	教科	県平均正答率	全国平均正答率	県と全国との差	県平均正答率	全国平均正答率	県と全国との差	県平均正答率	全国平均正答率	県と全国との差	県平均正答率	全国平均正答率	県と全国との差
	国語	69.0%	69.0%	0.0	64.0%	64.6%	-0.6	70.0%	72.8%	-2.8	A 75.0% B 58.0%	A 76.1% B 61.2%	A -1.1 B -3.2
	数学	47.0%	51.4%	-4.4	56.0%	57.2%	-1.2	57.0%	59.8%	-2.8	A 64.0% B 45.0%	A 66.1% B 46.9%	A -2.1 B -1.9
	理科	49.0%	49.3%	-0.3							65.0%	66.1%	-1.1

出典：鹿児島県教育委員会「全国学力・学習状況調査結果分析」https://www.pref.kagoshima.jp/kyoiku-bunka/school/teichaku/kiso/index.html

表1　鹿児島県　全国学力・学習状況調査結果　平均正答

■は 70%以上　□は 65%以上 70%未満

〔R4 年度〕

		国語	社会	算数・数学	理科	英語
小 5	全体	70.9	77.5	67.4	71.7	
中 1	全体	70.4	68.4	70.9	63.2	75.7
中 2	全体	71.0	55.2	72.5	62.5	67.8

〔R3 年度〕

		国語	社会	算数・数学	理科	英語
小 5	全体	72.3	79.9	70.6	73.1	
中 1	全体	73.6	70.3	66.0	69.4	71.5
中 2	全体	77.3	66.8	70.2	68.6	60.4

〔R2 年度〕

		国語	社会	算数・数学	理科	英語
小 5	全体	75.1	75.5	69.4	74.9	
中 1	全体	78.7	64.4	74.8	70.3	68.0
中 2	全体	76.7	67.6	67.0	70.8	57.8

〔R1 年度〕

		国語	社会	算数・数学	理科	英語
小 5	全体	73.6	72.2	76.7	81.2	
中 1	全体	79.6	64.9	71.3	64.8	67.9
中 2	全体	74.5	61.2	60.7	58.0	61.0

〔H30 年度〕

		国語	社会	算数・数学	理科	英語
小 5	全体	60.1	72.9	72.8	54.6	
中 1	全体	61.9	62.2	59.7	59.2	73.3
中 2	全体	67.6	51.2	60.8	50.3	51.7

〔H29 年度〕

		国語	社会	算数・数学	理科	英語
小 5	全体	66.8	65.6	62.7	68.8	
中 1	全体	65.1	53.3	62.8	55.1	63.3
中 2	全体	63.9	57.1	59.0	46.3	59.8

出典：鹿児島県教育委員会「鹿児島学習定着度調査結果報告」https://www.pref.kagoshima.jp/ba04/kyoiku-bunka/school/teichaku/kagakutei/index.html

表 2　鹿児島県教育委員会　鹿児島学習定着度調査結果（平均通過率（%））

CHANGE from 湖南市

市教育長として出向して～その職務と学校現場にどう向き合ったか～

浅原 寛子
2003年入省
現在、初等中等教育局初等中等教育企画官
滋賀県湖南市教育委員会教育長（2012 － 2014）

2012（平成24）年7月から2年間、滋賀県湖南市教育委員会に出向し、教育長を務めさせていただいた。退任して9年が経ったが、今でも、あのときの判断を仮に今の自分がするとしたなら、その判断は変わりうるだろうか、とよく考えることがある。その都度、やはりあのときの判断は変わらない、それが自分の中で毎回導かれる答えで、ホッとする自分がいる。一方で、つい最近までは、そう思うのは自分が成長していないからではないか、あるいは、自らを省みて改めることができないだけなのではないか、とも思っていた。

しかし、最近、これだけ頻繁に自問しながらそのときの判断は変わらない、と思うのは、判断したのは長たる自分であったが、そこに至るまでに教育委員会事務局の職員たちと議論や相談をしながら、できうる限りの情報を集め、皆で力を合わせて検討し導いた末の判断だったからではないか、と考えるようになった。いかに自分は人に恵まれて仕事をさせていただいたかということを改めて感じるし、こう思わせてくださる当時の事務局職員や、力を尽くしてくださった先生方への感謝の念を都度新たにしている。また、教育長として仕事をさせていただいた日々が、自分の中でいかに大きな経験で貴重なものなのか、ということも同時に感じている。

教育長就任の詳細は割愛させていただくが、湖南市の谷畑英吾市長（当時）には「文部科学省に、女性でお酒が飲める人をお願いします、とお願いしたら、君がガラガラポンと出てきた」と言われ、幾度となく笑いの種にされたものである。

私自身は東京で育ち、湖南市はもとより滋賀県にもそれまで全くご縁はなかった。当時、湖南市は、教育長人事が議会同意を得られず８か月にわたり不在の状況で、市長選挙も近く難しい政治情勢にあった。加えて、当時、滋賀県大津市で起こった中学生いじめ自殺事件（その後の教育委員会制度改革につながった事件である）での教育委員会や学校の対応が連日テレビで取り上げられ、教育委員会への不信感が最高潮にある時期でもあった。そうした中、教育長という重責が果たして自分に務まるのだろうか、緊張感を持っての赴任となった。

着任してすぐ、当時の大津市教育長が教育委員会の対応に不満を持つ者に襲撃される事件が起こり、湖南市教育委員会でも厳戒態勢を取るなど、異様な雰囲気の中でのスタートとなった。早速、いじめや暴力事案など毎日のように何かが起こる学校現場への対応に追われた。判断が難しいからこその事案が日々上がってくる。「あるべき論」を踏まえつつ、子供たちのこれまでの状況や保護者や先生のお考え、それらを踏まえた今後について事務局や学校とも協議し、教育委員会としての社会への説明責任などを考え、どう判断するか。それまでの文部科学省での経験や知見、上司や先輩に教えていただいたことなどを総動員して、日々職務に当たるような感覚だった。

いじめ対応については、どの学校にもどの子にも起こりうることとして、教育委員会に参事職を新設し、支援員を増員するなど支援体制を強化し、生徒自身によるいじめ防止活動など最優先で取り組んだ。また、在職期間を通じてということでは、学力向上に向けて授業改善のための若手教員チームの発足や若手教員育成のための市独自の研修の新設、コミュニティ・スクールの推進、企業から学校への寄付促進の仕組みづくり、社会福祉士（常勤）を教育委員会に配置して学校支援体制を強化するなどの教育と福祉の協働推進などに取り組ませていただいた。

どの取組も一つひとつ思い入れや忘れられないエピソードがあるが、ここでは、私なりに教育長という職をどう捉え、どのような姿勢でこれらに取り組んできたのか、ご紹介できればと思う。

当時、全国最年少教育長としてメディアに取り上げられたこともあり、地元紙では上記のようなさまざまな取組を紹介していただくとともに、就任当時を振り返り「若く、教員出身者でないことから「50代後半の校長たちと渡り合えるのか」などと市民の一部で危ぶむ声もあった」(2013(平成25) 年5月27日中日新聞) と書かれている。湖南市に文部科学省職員が出向するのは初めてのことでもあり、着任当初、校長先生方の警戒心は表情などからも感じることができた（後に、「先生、あのときの顔は怖すぎました」などさんざん突っ込ませていただいた）。国から何か面倒なことを押し付けられるのではないか、数年の「腰かけ」で湖南市教育を乱されてはかなわないといった声も聞こえて来た。「教員人事は、とにかく前教育長の言う通りにしてください」と面前ではっきり言う先生もいたくらいである。

そうした状況に全く戸惑わなかったといえばうそになる。しかし、校長先生たちの思いは、湖南市教育を思うが故のことだろう、ということは自然に思えたし、校長先生たちも私も、「湖南市の子供たちのために少しでもよい仕事をしたい」そこは共通しているのだから、自分の仕事への「姿勢」で理解してもらうほかない、目標が同じである以上、必ず理解してもらえるはずだと考えていた。また、行政官出身の自分と、現場の最前線におられる先生方、お互いの強みを生かせば、大きな力になるのではないか、と感じていた。

着任してすぐ、まず校長先生方にお伝えしたのは、いじめ事案をはじめ子供の生命・安全にかかることは最優先で対応、教育委員会に速やかに報告してほしい、ということだった。「悪いことほど早く報告してほしい。教育委員会は必ず支援する」と何度もお話した。報告してもらわなければ、対処のしようもないし、教育委員会への報告を何ら躊躇してほしくなかった。市長にも、危機管理上不可欠である、とご理解をいただき、学習支援員を速やかに配置するなど、より実質的な支援を心がけた。

また、当然のことであるが、学校に足しげく出向いて、子供たちや授業の様子を見ること、管理職や若手の先生方の話を聞くこと、地域の会合にも出かけ、地域から見た学校を教えていただくことなどを心がけた。学校に行くと、最初の頃は「教育長、ようこそ本校へ」などと縦黒板で「お客様」として迎えられていたが、いつからかその縦黒板がなくなり、先生方に「あ、またいらしてるんですね！」と自然に声をかけていただけるようになっていった。当初は険しい顔をされていた校長先生方も、生徒指導事案について対応を協議するなど難題に一緒に取り組む中で、徐々に先生個人の問題意識や、校長としての悩みなども話してもらえるようになっていった。

そうした中で聞いた言葉の一つが、「教育長、福祉の力をもっと学校に入れないと、学校や教員はもう立ち行きません」という、生徒指導に精通しておられる校長先生が厳しい事案を協議している際に吐露された言葉である。さまざまな生徒指導事案や学校の状況を見たとき、校長先生の言葉は教育委員会としてしっかり受け止めるべきだと強く感じ、以降、在任中は、教育と福祉の協働を常に意識して進めてきた。湖南市は、福祉部局にある発達支援室（室長は教員職で、教育と福祉の連携を実質的に図りながら子供と保護者の支援に当たる）が全国的にも先進的な取組であるが、その体制強化や、教育委員会事務局に福祉部局にいる社会福祉士の資格を持つ優秀な職員を配置するなどして、学校へのサポートや家庭支援、関係機関とより円滑に連携できる体制をつくった。国において、「教育と福祉の協働」について仕組みとしてどう取り組んでいけるのか、この点は、引き続き、自身の中でテーマとなっている。

市として長期的な方向性をつくっていく中でも難しい局面はさまざまあった。湖南市は学力面で相当厳しい状況にあったが、当時、授業改善は市としての取組は全く十分ではなかった。学級崩壊など困難を極めていた時期があり、長らくそのことへの対応が最優先だったこともあるが、従来、人権教育を重視してきており、学力向上や授業改善の取組を進めることは人権教育を軽視することになる、という受け止めが根強くあったからである。そもそも人権教育と学力保障は相反することなのか。校長会はもちろん、個別に学校にも出向いて、先生方と意見交換する日々が続いた。事務局でも議論に議論を重ねて、若手教員の育成とセットで授業改善に取り組む案などを提案していった。そうした中で、これからの湖南市教育のためにこれは必ず今やらなければならないと判断して、厳しい決断をしたこともある。もちろん批判もあったが、その覚悟をした上での決断だったし、教育長の「本気度」が結果的に理解されることにもつながったように思う。以降、校長会はもちろんのこと、事務局職員が上手に若手の先生方を巻き込みながら、授業改善に向けた取組や議論が加速度的に進んでいった。

日々仕事をしながら、どういう教育長が自分にとって理想なのか、それに向かって自分はどう取り組んでいったらよいだろうか、特に1年目はそうしたことをよく考えた。私の前任である奥村容久教育長は、70歳を超えるベテランでいらした。長年にわたり湖南市教育の礎を市長と二人三脚でつくってこられ、当然、現場を深く理解されていたが、「浅原教育長さんがやりたいようにやらはるのが一番です」と決して私の方向性には口は出されず、人事や予算など立て込む時期になると「ちょっと一杯行きまへんか」と息抜きに連れ出してくださるなど、いつもきめ細かに気遣いをされるとてもあたたかい方だった。当然、教員や地域の方々から広く絶大な信頼を得ておられた。

教育長には教育行政をあずかる長として予算確保や必要な施策を推進する行政手腕と、学校現場のことを深く理解し現場の先生方の精神的支柱となり、先生方を叱咤激励しながら導いていく手腕、その２点（２本の柱）が必要だと思う。そして、個人的には、この２本の柱ができるだけ高いレベルで、かつ、バランスよくあること、それが理想の教育長だと考えている。奥村元教育長は、まさに私が考える理想的な教育長であった。

翻って、自分はどうか。国において教育行政の仕事をしてきている、一本の柱は（不十分ながら）一定あるとして、もう一本の柱はどうか。事務局の教員出身の課長や指導主事の方々と一緒にさまざま難局を乗り切っていく中で、私自身が現場を深く理解する努力は当然重ねる、でも私の足りない部分はこの職員たちの力を得て「教育委員会総体として」その理想の姿を実現すればよいのではないか、そう考えるようになった。そのとき、いい意味で少し肩の力が抜けたように感じたことを覚えている。また、自分の中でそうした整理ができたことで、教育長として、自分がまず何をしなければいけないか、よりクリアになったように思う。

着任して初めての予算が仕上がった後、ある教頭先生が「教育委員会がここまで頑張ってくれたのだから、現場はこの期待に応えないとあかん、そう教頭たちで話しています」と興奮気味におっしゃった言葉は、自身の姿勢とメッセージを先生方がしっかりと受け止めてくださったように感じて、とてもうれしかった。

２年という短い期間であり、まだまだできたことがあっただろうと思う。でも、いつかは文部科学省に戻る立場であり、自分がすべきことは湖南市がこれまで培ってきたよさを生かしつつ、それを新たな視点からよりよく発展させること、また、将来を見据えて必要な種をまくことだと思って取り組んできた。

市議会での退任の挨拶でも実際こう申し上げた。「前任の奥村教育長がしっかりと耕してくださった土地に、私はいくつかの種をまかせていただくことができたように思います。これから芽が出て、花が咲くのを見ることはできないのは残念ですが、これからの湖南市教育がさらに発展し、大きく花咲くことを願っています」。

事務局職員とともに議論を重ねて立ち上げた、市独自の若手教員研修は今年度で10回を迎えた。ありがたいことに毎年お声がけいただき、先生方に講話をする機会をいただいている。毎回、研修終了後に参加された先生方による報告会が自主的に開かれ、歴代参加者による集まりができ、湖南市教育を前進させるエンジン的な存在になっているとも伺った。「花」を見せていただいているようでとてもうれしく思っている。

文部科学省で仕事をする中で、さまざまなデータや課題を見たり考えたりするとき、今でも当時の湖南市の先生方や子供たちの姿が浮かぶ。また、学校現場を見せていただくとき、湖南市の状況や知見が自分の中で「軸」となって、より深く理解できることがある。もちろん、湖南市は約1,800ある自治体の一つであること、自分の経験はごくごく限られたものであるということは、国で働く者として自戒しなければならない。ただ、自分の教育行政官としての「軸」は湖南市での経験でつくっていただいたものだと感じているし、これからも大事にしていきたい。

CHANGE from 磐田市

教育委員会勤務を振り返る

山田 素子
1999年入省
現在、国立大学法人東京医科歯科大学理事・副学長・事務局長
静岡県磐田市教育委員会教育長（2007 − 2009）

1 はじめに

この2023（令和5）年9月より、東京医科歯科大学に出向し、来年秋に控える東京工業大学との統合やいわゆる10兆円ファンドの国際卓越研究大学の次期申請に向けた検討に奔走している。文部省入省以来24年を経て、初めての大学の現場での仕事を少しずつだが積み重ねる中で、「身近にある現場が、今ここにいるチームの仕事によって実際に変わっていく」というやりがいを感じることができそうな期待を抱いている。この現場感は、今回振り返る磐田市での経験と極めて似ているのではないかと思い始めており、あのとき、市政に歴史を刻んだのと同様、今回も新大学の創設という歴史に残る業務に携われる縁を非常にありがたく感じている。

2 磐田市赴任の経緯

磐田市への赴任の話は、異動で経験する初めての「青天の霹靂」だった。1999（平成11）年の文部省入省以降、国で働いてきた8年間では、総理大臣をはじめ、国会議員の先生方、全国○○会の会長、○○大学の学長と

いった方々のお話を聞く機会には恵まれていたが、私の場合、学校現場で実際に教壇に立っている教員の方々、今実際に教育を受けている子供たちやその保護者、そういった方々からのお話を直接聞くという機会は、仕事上は残念ながらほぼなく、いつ頃からか、人気ドラマで言う「事件は会議室で起きてるんじゃない！」という気持ちで、現場との距離感に漠然と虚しさのようなものを感じていた。

そこで、毎年提出する人事希望調書には、「できれば学校現場により近い教育委員会に出たい」「学校現場も行ってみたい」ということを、書き続けていた。

こうした希望を踏まえてくれたというよりは、そういうめぐり合わせだったのだろうと思う。偶然に当時の磐田市長が、中曽根康弘総理大臣時代の臨時教育審議会に出向されていた方で、文部科学省幹部にお知り合いがいたので、「文部科学省の女性職員を教育長として派遣できないか？」というオーダーをいただいたとのこと。前任教育長の在任10年の間に1市3町1村の合併が行われたという背景もあり、地方出向年次で、新風感がありそうな文部科学省職員として、たまたま私に白羽の矢が立ったという顛末だったと、その後聞いている。

今でこそ増えてきているように思うが、当時、市町村教育長への出向機会はまれであったので、お話をいただいたときには、まず「やってみたい！」という気持ちは持ったものの、同期である夫との間に、2歳・4歳の小さな子供2人を抱えていて、家族で転勤することはまず無理だろうということで、大変残念だがいったんはお断りする方向で考えていた。

そこへ、その当時直前までは、教員免許更新制の法改正で忙殺されていたものの、少しずつ仕事が落ち着き始めていた夫が、磐田から東京への通勤の可能性、磐田から新幹線最寄り駅の浜松までの行き方、保育園の状況などを積極的に調べてくれた。夫が小さい頃から憧れていたスポーツカーが中古で安く買えて、2時間の新幹線通勤も有意義に生かせそう！という期待もあり、「滅多にないチャンスだし、自分が浜松まで車で行って、新幹線通勤すれば、何とか通えるから、教育長やってみれば？」と後押しをしてくれた（結局、中古スポーツカーの夢は叶ったものの、２時間の通勤時間はゲームに費やす有意義な時間になった模様）。また実家の父がその年の途中には退職となること、母もある程度、育児や家事の支援をしてくれるということだったので、思い切って、最終的には家族総勢６人全員で引っ越すという選択肢を取り、磐田赴任の決断ができた。

市の教育長経験のある先輩に経験談を聞くなどして、着任準備に当たった。それまでの10年弱の行政経験では、法令の読み方、法令改正の立案方法、小渕恵三・森喜朗内閣時代の教育改革国民会議提言の取りまとめに向けた資料作成などの経験はあったものの、33歳という若さで教育長の立場で赴任するに当たっては、人生初ともいえるほどの緊張をしていた。

また、当時の自分の頭の中の半分を占める育児についても、子供が保育園転園で慣れてくれるだろうか？ということが非常に心配で、今振り返ると、公私にわたり四六時中気が張っていたように思うが、30代前半の若さ故に乗り切れたようにも思う。

磐田市は、現在でも全国的な知名度のあるＪリーグ「ジュビロ磐田」のおひざ元で、静岡県の中西部に位置し、当時の人口は、約17.6万人。市内に自動車関連工場が多数点在するためブラジルを中心に外国人も多く在住する中核市である。奈良時代の遠江国分寺跡があり、江戸時代の東海道見附宿、明治時代の旧見付学校など全国の文化財関係者にもなじみのある地域とのことだった。

当時の所管学校は、幼稚園23園、小学校23校、中学校10校あり、教育委員会の体制は、教育総務課（教育委員会全般、幼稚園、施設）、学校教育課（小学校、中学校）、生涯学習課（成人教育部分は首長部局に移管。青少年健全育成関係を放課後児童クラブ等と一体的に所管）、文化財課、図書館という構成であった。

3 教育長の仕事

（1）行事・会議など

磐田市の教育長というのが、どのような仕事をしているのか？ということについては、赴任前にはほとんど予想が付いていなかった（着任初日に、地元ニュースでテレビ放映までされること、地元の飲食店に行くと必ず翌日には「昨日、回転寿司にいましたよね？」と言われることも全く想像していなかった！）。

ただ、国行政においても「民意の反映こそ国家公務員の仕事」との構えで仕事をしてきたのと同様、教育委員会制度の中に入り、同制度の趣旨である「地域住民の意向の反映を地方公務員としていかに実現できるか？」を自分に対する中心課題と設定して教育長としての仕事に臨んだ。

市教育委員会での教育長の仕事を総括すると、「教育に限らず、スポーツ、文化など市全体の実に幅広い分野に関する会議や式典への出席、が仕事の大半を占める」と言える。

特に、磐田市の場合、私の赴任２年前に５市町村が合併したばかりだったので、各地区の行事が多く残っており、あちらの地区、こちらの地区と市内のあらゆる地区に顔を出すという機会が非常に多かった。印象に残っている各種の会議を以下思い出してみる。

○市長、副市長、収入役との市４役会議、教育委員との懇談

毎週定例的に４役会議が開かれた。この場で、政策課題について情報を共有したり、議会対応を話し合ったり、各種イベントの出席者調整などをしていた。１年目には教育委員会に対し厳しい目で見ていただいた幹部が、２年目に入り拙いながらも一生懸命取り組む姿勢を評価してくださったのか、むしろ後押しや支援をいただけるようになったのは本当にありがたかった。教育の課題について、教育委員会の中だけで閉じることなく、市政全体の課題として捉えてもらうため、市長を中心に教育委員の皆さん

との懇談も折に触れて機会を持つことにも努めた。

○市議会

霞が関と市行政との違いで驚いたことの一つが、国会と市議会との違いだった。

霞が関では、国会議員にとって文部科学省職員は当該議員の選挙区有権者でない場合がほとんである一方、市議会議員にとって磐田市職員の大半は有権者であることもあってか、また、市長も直接選挙で選ばれていることもあってか、市議会議員と市役所職員は、上下関係というよりは、同僚、場合によっては、議員の方がむしろ職員に気を遣っていただくような場面が多かったことは大変な驚きだった。

また、霞が関では、国政の政治日程が全く読めず、国会答弁作成はもちろん、党の会合や個別のレクなどもたいていの場合急遽セットされ、霞が関側の裁量はほとんどないものだが、市議会は（もちろん、市や学校の予定も）、1年間のスケジュールがすでに定型的に決まっていて、それに従って動く。議会質問も1週間前の期限厳守で対応し、4役出席の会議でじっくりと答弁を練るような形式を取っていた。

最初の議会答弁は、前日に深夜までかかって準備したにもかかわらず、これまでにないほどの緊張をした記憶がある。本会議質問では、一回目の質問に対する答弁は答弁書通りの読み上げだが、その後二回目・三回目までの質問が許容されており、それに対しては客観的な事実を踏まえながら、自分自身の言葉で答弁しなければならないという人生初の経験だった。

○市政懇談会

今振り返ると、次年度予算編成に向けて、ということだったのかもしれないが、10月から12月にかけては、ほぼ毎週夜に、各地区の公民館での「市政懇談会」という会合に出かけていた。町村部の夜道は暗く、カーナビも今のような高性能ではなかったため、迷ったり、ぶつかったりしながら、会場にたどり着くのにも大変だった記憶がある。

磐田市は自治会組織が非常に強い地域であり、また自治会長などは元校長など学校関係者が担っていることもあり、市政懇談会では、教育関係の施策についても多く意見が出され、そのたびに、４役の中では、教育長が答弁するという場面が多数あった。一方で、道路、施設、防災関連の整備要望などはそれ以上に多く出されており、市予算の振り分けは、市議会議論のみならず、こういった生の声を踏まえて決断されていくということを実感した。

○校長会や教育委員会関連の会議

一日平均２本程度は、何らかの会合が開かれた。全校長が集まる校長会、全園長が集まる園長会をはじめ、例えば、少人数学級、外国人教育、特別支援教育、情報教育から生涯学習、児童青少年、公民館、図書館、文化財まで非常に幅広く政策に関する会合が開かれる。希望としては、会合を終えた後には、現状を踏まえた課題を改めて自分でもまとめ、一つひとつについて、その課題に対しどのような手を打てば克服していけるか、机に付いて事務的に思考を整理したい、と思うことがたくさんあったが、赴任当初は、次々にセットされる予定の中で、自分の時間をやりくりするのに、大変苦労した。

このような中、集中的に取り組んだ政策課題としては、「少人数学級」「外国人教育」「特別支援教育」「児童青少年施策」が挙げられる。

「少人数学級」は、国による規制緩和で市費負担教職員の配置が可能となっていた。市町村合併の目玉の一つとして市費負担教職員「ふるさと先生」の配置による35人学級を掲げ、段階的に取り組んでいたものの、市長から「正規採用試験に落ちた教員をふるさと先生として採用しており、実は二流の教員の受け皿になっているのではないか」との疑義が呈され、小中全学年導入の手前で待ったがかかってしまった。少人数学級に対する教員からの期待は非常に大きく、また合併時の公約として掲げられていたこともあり、教員たちの間には市行政に対する心理的な抵抗も非常に大きかったように思う。

この背景には、教育委員会制度がある意味障壁になっているようにも感じた。すなわち、教育サイドの声は教育長に直接入るため、市長には届きにくかった。そしてまた、市長からすると県費負担教職員制度の下、「教員は市職員の一員としての意識が低い」という問題意識もあった。

待ったがかかった少人数学級について、今でいうEBPMということになるかと思うが、統計に明るい指導主事が磐田市の子供たちの全国学力・学習状況調査データを使って少人数学級の効果分析研究を始めてくれたので、大学院時代の恩師から専門家を紹介していただき、研究分析に対するアドバイスとオーソライズをいただいた。当時はあまり実施されていなかったデータを使った効果分析は市長にも説得力を持つとともに、先述した市の幹部が後押ししてくれたこと、さらには教育委員５名の総意として市長に決断を迫ったこともあり、２年目には、当時全国でも珍しい「小中学校全学年における35人学級」が実現した。

「外国人教育」も学校によっては１割が外国人を占めるという中、市政全体の大きな課題の一つであった。中長期的に、日本に在住する予定であるにもかかわらず､言語の壁もあり､地元公立学校への入学のハードルは、子供にとっても保護者にとっても高い。市の窓口にポルトガル語で対応ができる職員を置き、公立学校入学案内を翻訳するなどしているものの、いきなり学校に入学してもなかなかなじめないだろう。国や県の支援も入れながら、まずは１か月ほど、朝登校して、学校の席に着いて先生への「おはようございます」や朝の会をすることから始まり、授業の種類と休み時間の過ごし方、給食の「いただきます」や放課後の過ごし方など、日本の学校の概要を簡単な日本語と通訳を介して理解できるような初期支援教室を立ち上げるに至った。

「特別支援教育」は、赴任前年に国による制度改正がされていた。子供たちが通う保育園の中にも、発達に課題を抱えて、うまくクラスになじめない子、程度の差こそあれ、長男自身も集団への適応に難しさを抱えていたこともあり、自分ごととしても特別支援教育に取り組んだことを思い出す。県内では初の発達支援センターを市内に設置し、医療や心理の専門家を配置して、一人ひとりの子供たちの課題に応じた支援や研修などに取り組んだ。子供たちが通っていた保育園の先生方も非常に熱心に研修を受け、日々の保育実践につなげていただいている様子は、感謝するばかりであった。教育委員会における就学前の特別支援委員会も非常に印象に残っている。乳幼児健診や就学前診断などを経て、通常校への進学が難しい子供について、一人ひとりの状況や保護者の意向を共有し、各専門家が話し合う現場だった。通級指導教室も立ち上げることができたし、不登校の子供たちのための独立したセンターも設置し、今で言う「個別最適な教育」の実践に努めた。

「児童青少年施策」は、市長のリーダーシップにより、放課後児童クラブが教育委員会に所管替えされた年だった。働く親からは、「小学校４年生までの拡大」が求められており、働く親の一員としても、希望がある以上は、受け入れ態勢を整えたいという意欲で動いた。女性議員とそのお知り合いの方々からの声を集めつつ、児童クラブ指導員や福祉関係者からは賛同が得られたものの、一番の抵抗勢力は、児童クラブが設置されている学校の校長たちだった。「空き教室はない」「事故があったら責任取れない」など、同じ学校の子供の放課後の居場所づくりにもかかわらず、理解を示してくれない校長が多かったのは大変残念だった。最終的には、実際のニーズ調査などを踏まえるとそれほど大きな影響が出ないことを校長たちに説得しつつ、制度としては４年生まで広げることもできた。

また、ジュビロ磐田の力を借りながら、小学校の芝生化にも取り組んでいた。芝生開きには、ゴン中山選手をはじめジュビロの選手たちが参加してくれて、サッカーファンの夫や長男からは大変うらやましがられた。しかし、これも学校からは「芝生の手入れが大変だから反対」との声が聞こえるなど、子供たちの環境向上と教員の負担との関係で、二兎を追うことの難しさを感じる施策の一つだった。

○お祭り・地区運動会・児童青少年向けなど市のイベントと入学式・運動会・卒業式など学校行事

５市町村合併直後だったこともあり、各地区の行事もそのままに残り、特に秋の土日は、各地区のお祭り、運動会、文化祭などのイベントが目白押しだった。市の４役で分担しながら、挨拶と懇談に走り回った。

定例的な行事以外で思い出深いものとしては、「日本プロ野球名球会」があった。始球式で投げるはずだった市長が体調を崩してしまい、金田正一選手、衣笠祥雄選手、山本浩二選手など往年のプロ野球選手を前に、急遽代理として始球式でボールを投げるという大役を仰せつかった。今でもそのボールは大事に保管している。

また、現在の草地博昭磐田市長との出会いであった「磐田雪まつり」も子供たちでにぎわうイベントの一つだった。降雪があまりない地域なので、年に一度、雪を運び積み上げて、子供たちはそりをしたり、雪合戦をしたりして大にぎわいだった。

磐田雪まつり

（2）管理職人事

もう一つの教育長の大きな仕事として、管理職人事があったように振り返る。任命権は県にあるものの、細かな実情について県は把握できておらず、市内の教員の誰を管理職にするかということについては、教育長は多大なる権限を持っているということをつくづく感じた。

1年目は33校の管理職すべてを知り尽くすには至らなかったため、ほぼ担当課長にお任せするような人事配置だった。2年目までには、月1の学校訪問をはじめ日々の会議や行事でも校長をはじめとする管理職の仕事ぶりが多少なりともわかるようになってきたため､県の人事方針である「積極的な若手の登用」に向け、推薦年齢枠の柔軟な運用も求めていった。その際にも県の担当者には申し上げたが、人事の在り方が保守的な平等主義であり、できるだけ多くの人を管理職に……とする故に、校長在任期間の長期化が実現しないという現実があるように感じた。

（3）教育施策の総括

上述の通り、着任当初から、国民の総意としての教育委員会制度の趣旨に基づき、教育委員会を実際に動かしたいという強い思いがあった。すなわち、同制度の趣旨である①政治的中立性の確保、②継続性・安定性の確保、③地域住民の意向の反映を、実務の上でしっかりと実現していく必要があろうと考えていた。

1つ目の政治的中立性の確保については、教育内容に関し、政治的選挙で選ばれる首長とは距離を置くということである。当時、全国学力・学習状況調査の正答率を公表するか否かという点で、市長とは見解の相違があったところ、5人の合議制である教育委員の意見は、「数字だけが一人歩きする」「調査対象の子供が違うのだから、結果毎年違って当たり前」など、正答率公表控えるべしという意見が大半であったところ、この政治的中立性を盾に市長にも理解を求めた。ただ一方で、35人学級といった予算が必要な施策について首長と距離感を保ちつつも、理解を得ていく日々の努力は非常に重要だと感じた。

2つ目の継続性・安定性の確保については、市議会などで、「国の教育改革のペースが速すぎる」「文部科学省のように市の教育政策までが猫の目行政では困る」との指摘を受けた。考えてみれば、教育の営みの最終形というのは、教育基本法で言う「人格の完成と国家社会の形成者の育成」、すなわち簡単に言えば、子供一人ひとりのよいところを引き伸ばしてあげることと、卒業して大人になって社会に出て困らないようにすることであろう。今ある磐田市の制度をドラスティックには変えてはならない、ということも心したところであり、その思いは、公約であった全学年35人学級の安定的な実現にも通じていた。

３つ目の地域住民の意向の反映。私はこの点を最大限重視してきた。レイマンコントロールである教育委員の皆さんとの日常的な対話を大切にするとともに、月に一度の学校訪問では、教員と教育委員との懇談の時間もしっかりと取ってもらった。市議会や市政懇談会などの住民意向を代弁するような会議のみならず、学校の保護者と教育長が語り合う会も新たにセットし、教育委員や議会議員にもご出席いただいた。教育を取り巻く課題について、より多くの方々に参画してもらい声を聞き、一緒に課題解決に向けて取り組むことができるように腐心した。

一方で、教育委員の皆さんは、ほかに本業をお持ちの非常勤であり、すべての会合に出席されることは難しい。だからこそ、常勤である教育長が、実際に幅広く意見聴取をして、その趣旨を包み隠さずまとめて、教育委員の皆さんと共有化する、予算が必要なものは市長に求めていく。こういう作業は教育長中心に動かなければならないないということを痛感した。

退任時に教育委員の皆さんと

4 おわりに

磐田市で仕事をしてみて感じたことは、地方分権が非常に進んでおり、市だけで決めようと思えば決められることが非常に多い、ということだった。赴任前に先輩に挨拶回りをした際には「市は、施設の設置管理が中心だから、課題は耐震化だけではないか」「9時5時で終わるだろうね」といった話をお伺いし、そんなものなのかなと思っていたが、先述の通り、課題はさまざまで、霞が関同様に残業するようなことも多々あった。財政面で恵まれていたことも大きいとは思うが、課題に対しては地方分権の下、市独自の施策で一定の改善を図ることができ、少なくとも、国からの縛りのようなものは、一切感じずに仕事ができ、今ある制度の中だけで、市教育委員会のみならず学校だけでも、新たな挑戦をすることは十分に可能だと思った。また同時に、地方自治体の財政格差を踏まえた国による調整の必要性も改めて感じさせられた。

教育委員の皆さんとの学校訪問以外にも折に触れて学校を回らせてもらったが、子供の興味を引き付ける素晴らしい授業が多く展開されていた。臨時教育審議会答申を経て2000年に設置された教育改革国民会議では、教育改革17の提案を取りまとめていたが、その改革が実際に現場で実現している手応えのようなものを感じることもできた。

結局のところ、学校の中で中心となって、子供に教育をしていくのは、教員たちでしかない。教員自身が、PDCAを回し、着実に改善を図ることができるような環境を市の教育委員会が設置者としていかに責任を持ってつくっていけるかが極めて重要であると痛感した。

教育の営みは、オンライン授業の到来によって少しずつかたちが変わってくるように思う。しかし、いくら時代が変化した、社会が変化した、と言っても、子供たち自身の存在というのが、いつの時代も、これから先の未来がまだまだいっぱいに詰まっている未知の存在、可塑性に満ちているものだと思う。

今後も、頑張っている教員を応援し、子供たちが学校教育を受けることによって、少しでもよい人生が送れるように……そして、そのことが、社会の幸せや発展につながるように……そんな教育像を模索しながら、仕事をしていきたいと思うようになったのは、磐田市での現場経験があるからこそである。当時大変お世話になり、その後も折に触れて元気をいただいている皆さんに感謝の意を込めて、私の経験談を終わらせていただくこととする。

懇親会のサプライズで長男長女登場

CHANGE from 鎌倉市

子供の視点に立つ
～鎌倉の学校教育の挑戦～

岩岡 寛人
2008年入省
現在、初等中等教育局教育課程課学校教育官
神奈川県鎌倉市教育委員会教育長（2020－2023）

1 鎌倉に放り込まれた「異物」

「鎌倉には適任者がいないということですか」

鎌倉市議会の2020（令和2）年7月臨時会では、市長提案の教育長人事案に対する反対討論が行われていた。教育委員会では事務局職員一同が、学校現場では各学校の校長が、インターネット中継を通じてその様子を固唾を飲んで見守っていた。そして当の候補者本人である私も、議会同意をいただけたら登壇しての挨拶があるとのことで、深く知り合ったこともない方からすでに不信任の声を挙げられていることに少し戸惑いながら、議会事務局長室でその様子を見ていた。全国の1,800の自治体の教育長のうち、約90%が60歳以上で当時40歳未満はわずかに一人、そして75%が教育現場出身という均質な世界の中で、松尾崇鎌倉市長は35歳の現場経験のない文部科学官僚を教育長にしようとしているのである。市議会、学校現場、市役所、市民らの恐怖と不安は想像に難くない。ましてや、鎌倉市は一度民間出身の方を教育長にしようと議会提案して否決された過去がある。しかも、大昔の話ではなく、現在の教育長を任命する一つ前の人事議案の話である。松尾市長は、並々ならぬ勇気と覚悟を持って教育長

人事案を議会に提出していたと思うし、私はその大任を果たせる自信が最初からあったわけではないが、市長がそこまでの確信を持ってこの人事を以て鎌倉の教育をよくできると思ってくれているのだから、きっと自分に秘められた力があると信じて私もこの日を迎えていた。反対討論を経て、議決された結果は僅差で可決。おそらく全国的に言えば、人事議案はほぼ全会一致が通例なのだろうが、厳しい船出となった。

鎌倉というまちは、人口約17万人、小学校の児童生徒数は約1万人、小学校16校と中学校9校というコンパクトなまちである。ご周知の通り、鎌倉時代から連綿と続く武家の歴史をたたえた古都の風格と、サザンオールスターズを生んだ湘南の海（サザンの地元は鎌倉ではないが）が持つ開放的で革新的な文化が混じり合り、伝統と革新という相反する2つの文化が溶け込んだ唯一無二の魅力を持っている。よく考えれば、鎌倉時代といえば我々からすると「昔」「伝統」というイメージがあるが、日本の歴史上考えれば政治体制にイノベーションを起こした時代でもある。これまで天皇と公家中心に行われてきた政治を引っくり返し、武家を中心とした政治体制を構築したことはもちろん、源頼朝亡き後は13人の宿老による合議制の集団指導体制を構築するなど、当時の通常の感覚ではあり得なかったことをつくり上げていった時代でもある。こうした伝統と革新を基盤としたまちの中で、市政においては環境・交通・子育て支援などの分野でさまざまな革新的な取組も行われていた。しかし、あまり詳しくは書けないが、こと教育という文脈においては、湘南地域は大変保守的[1]なことで有名であった。こうした背景もあって、松尾市長は鎌倉の教育文化に変化を起こしたいという思いを持ち、教育長人事にこだわっていたのだと思う。

「鎌倉で先進事例なんて、絶対無理ですよ」「新しいことは、ちょっと……」。私が着任してすぐの頃、教育委員会事務局でこのような言葉をもらったことがある。私は「新しいこと」「先進事例」を持ち込もうという気持ちはサラサラなかったし、そのような発信もしていなかった。そうした言葉を発する職員は一様に優秀で思いのある職員たちだったし、こうした反応は、私に対する拒絶というよりも、鎌倉という教育分野においては保守的なまちで、いろいろなことをチャレンジしようとしてきて阻まれた経験からくる自虐のように聞こえた。そして、校長会との初顔合わせでの挨拶。全員からではもちろんないが、「現場も知らない若造に何ができるんだ」という怒りにも近い警戒感、「何か理不尽なことをやらされるのではないか」という恐怖や不安が感じられた。前教育長が大変人格的に優れた方であっただけに、私が前教育長を「追い出した」人に映ったことだろう。前教育長からは、事務局がつくった業務引継書以外に引き継ぎの機会はいただけず、手探りでのスタートとなった。

退任後に振り返ってみると、過酷なスタートだったなと感じられるが、当時の私の中にはこうした状況をしんどいと思う気持ちはなかった。私が現場の立場であっても警戒するだろうし、皆さんの不安の気持ちを受け止めて、仕事で信頼を得ていこう、そんな気持ちだった。

教育長という仕事は、一般の職業と違い、自分が応募・立候補してなる仕事ではない。市長が探して適任者を任命するものなので、「志望動機」を問われても困ってしまうのである。したがって、私としては最初から何か自分のやりたいことを実現してやろうという思いがあったわけではなく、これまで行政官として培ってきた全力を尽くし、まずは「任命意図」をしっかりと達成するとともに、学校現場や市民の皆さんが感じている課題感をしっかりと捉え、それに対して行政の知恵で解決策を提示していくことを地道にやろうという思いであった。そのため、着任後に何よりも先に実施したのは①現場張り付き作戦②全学級訪問であった。①現場張り付き作戦は、施策を講じていく上で学校現場の先生が何を見て何を感じて日々を過ごしているのか、少しでも内面化したいという思いから、何人かの公立学校の先生にお願いして、数日間朝から夕方までべったりと一緒に過ごさせてもらった。普通、教育長に数日間べったり一緒に行動されるなんてことは嫌で仕方ないと思うが、快く協力してくれた先生方に心から感謝である。現場経験のない私にとって、この機会は大変貴重であったし、そのとき一緒に過ごさせてくれた先生方とはその後も定期的に食事に行くなどして、現場の状況を聞かせてもらう大事なつながりとなった。もう一つは、全学級訪問である。公立小中学校の25校全学級を回り、子供たちの様子や授業の様子、教室環境の様子などを見て回ったほか、先生方の特徴的な授業や取組があれば、声をかけて聞いてみたり校長に詳しく聞くなどして、鎌倉の未来の教育の種を探して回った。

そして9月、現場で見聞きしたこと、市民の皆様からの声、市長の任命意図、そして迫りくる将来の社会の姿をかけ合わせて自分なりの方向性をまとめ、教育委員会事務局で次期予算編成に向けてキックオフミーティングを行い、その場で「これから皆で目指していきたいこと」と題して短・中期的に目指していきたいことのディスカッションを行った。この場は、その後の私にとって大変重要な場となった。さまざまな教育政策を考えても、皆がそれにワクワクして自分事にならなければ、実現しないか、実現したとしても私がいなくなった途端になくなってしまう。やろうとしていることが、私の一人相撲になるか、全員野球になるかの試金石だった。私はその場で、幹部だけではなく若手指導主事も含めたすべての職員に対して、鎌倉の教育の現状認識についてリアルタイムアンケートを取った（もちろん匿名である）。その場で出てきた言葉は、私を大いに勇気付けた。「チャレンジがほしい」「古きよきに依存しすぎた退化減少」「時代に合った臨機応変な対応ができていない」「変わらないようにしたがる」といった言葉が多く出てきたのだ。8月に出てきた「鎌倉で先進事例なんて……」「新しいことは、ちょっと……」という事務局から聞こえてきた言葉は、鎌倉市の教育関係者の消極性を表す言葉ではなく、やりたいけどできてこなかったという自虐の現れだったということを再度理解した。そしてミーティングの後、多くの職員から教育長の「ワクワクするような教育を目指す」という言葉にすごく共感したという声が聞かれた。私は意識して「ワクワク」という言葉を使ったわけではなかったのだが、その言葉が一番刺さったということは鎌倉の先生たちは「ワクワクしたかったんじゃん！」と私も胸が躍った。このキックオフミーティングを通じて、「ワクワクする教育をつくっていく」、そのために「子供の現在と未来の視点に立つ」という鎌倉の教育改革の基本ストーリーが組み上がっていった。本稿では、実現されたさまざまな取組のうち、「子供の未来の視点」に立った政策である鎌倉スクールコラボファンドと、「子供の現在の視点」に立った政策であるかまくらULTLAプログラムについて紹介するとともに、変革を生み続ける組織づくりについて紹介していく。

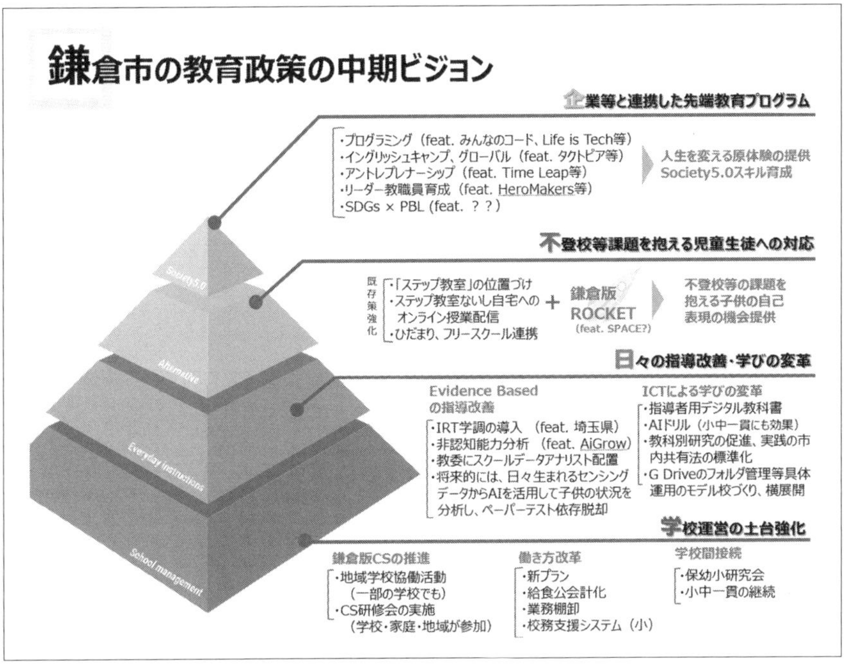

鎌倉市の教育政策の中期ビジョン案として職員に示したもの（2020年９月）

2 子供の未来の視点に立つ：鎌倉スクールコラボファンド

社会の変化のスピードが加速度的に早くなるVUCAの時代。そんな時代の中、定められた内容をよりよく教えるという「授業者中心」の教育ではなく、子供たちが自ら学習を調整しながら主体的に学ぶ「学習者中心」の教育の重要性が叫ばれている。これは日本における「流行の教育論」といった類いのものではなく、OECDなど国際機関における教育議論においても重要な視点として取り上げられており、工業化社会時代につくり上げられた教育システムに対する違和感からくる、いわば世界のトレンドである。このような学習者としての子供の視点に立った教育には、２つの側面があると考えている。一つは、子供の現在の特性・感情を丁寧に理解し、個別最適な学びを届けるという子供の「現在」の視点に立つということ。もう一つは、子供が飛び込む将来の社会を見据えて、そこから逆算して必要となる資質・能力を育てるという子供の「未来」の視点に立つということである。子供の「現在」と「未来」の視点をバランスよく持ち教育を組み立てていくことが重要だと考え、それに取り組むことが子供も大人も「ワクワクする」教育を生み出すということだというのが私の任期中の取組の基本的なストーリーである。

まずは、この子供の「未来」の視点に立つということを考えてみる。子供の未来の視点に立つということは、今の社会や教師が育ってきた過去の社会から今の教育を構想するのではなく、子供が社会経済活動を行うこととなる未来の社会における生き方や働き方、ウェルビーイングの在り方を想定し、そこで求められる資質・能力を子供たちに育む教育を構想することである。本稿執筆（2023（令和５）年８月）時点の学習指導要領の言葉を借りれば、「社会に開かれた教育課程[2]」を実装するということにほかならないのだが、学校現場にとって未来社会からの要請を受け止めることは苦難を伴う。課題解決型学習（PBL）、SDGs、プログラミング……激しい時代の変化の中、社会の要請に応えた教育の実現と、現実にあるリソースとの間で板挟みになり、多くの学校が苦しんでいるのが現実である。公教育のリソースは法令で強固に定められており、地域格差是正や教育の安定性の観点からは世界的に見ても高い成果を挙げているが、さまざまな要請に伴い柔軟にリソースを配分していくことは苦手である。新しい学習指導要領が謳う「社会に開かれた教育課程」を実現したいけれど、よりよい社会づくりに向けた教育課程を編成しようとすればするほど、知恵やリソースの不足に直面するという現実がある。

一般の企業であれば、「絶対売れる！」というヒット商品を思い付いたとき、他社から部品を買ったり、製造委託したり、技術提携を結んだり、さまざまな事業者と協力して製品を作り、世に出していくこととなる。そしてその費用は、株式の発行、銀行からの借り入れ、既存の商品への価格転嫁などを通じて確保していくことになる。こうして、ヒット商品は世に出て行くのである。私立学校も、「先端教育費」などの名目で保護者から費用を徴収すれば、同じようなことができなくはない。しかし、公立の義務教育諸学校はステークホルダーである保護者や子供から費用を徴収することはできない。憲法上義務教育は無償とされているから、授業料を徴収できないのである。連携のための費用がなければ、平日の昼間に大人が手伝ってくれることはない。正確に言えば、手伝ってくれる人や企業はいるかもしれないが、それは先方のメリットのためであり、こちらがやりたいことを実現してくれるわけではないので、融通が利かないし、やることの主導権はあくまで無償労働力（Free labor）の提供者側にある。

公立の義務教育諸学校においても企業等と同様に、NPO・企業・大学など他者との協働（コラボ）を通じて、新しいことにチャレンジするときの知恵やリソース不足を解消し、未来を生き抜く力を育む教育活動を継続的に実現したい。これにより、「社会に開かれた教育課程」を持続可能なかたちで実装したい。これがスクールコラボファンド（以下「SCF」という）立ち上げの原動力となった思いである。

SCFの仕組みはシンプルで、学校が社会に開かれた教育課程を編成し、

NPO・企業・大学などとの協働の費用が必要となった場合、教育委員会が、企業等との調整の間に入ってあげながら、当該取組を伴走・助言し、そしてコラボに必要な対価を支払うというものである。年間を通じて、特定の目的に沿った教育課程の編成・実施をトータルでサポートしてもらうSCF「フル」と、単元内でスポット的に支援してもらう「ミニ」、そして実践そのものではなく組織開発に協力してもらう「アップグレード」という現場のニーズに合わせた3つの類型を設けて、取り組みやすいかたちとした。また、通常予算は前年度に編成するが、前年度の予算編成時にはまだ誰が何学年の担任をやるか決まっておらず、従って子供たちと教員の心に火が付くポイントがわからないという構造的な問題にアプローチするため、やりたいと思ったその年度に申請すれば、すぐにスタートできるという仕組みとした。年度当初だけではなく、1学期でも2学期でも3学期でも、火が付いた瞬間に申請ができ、事業者とマッチすればいつでもスタートできるという柔軟な運用により、学校のハートに火が付き、初年度は1件2校しか利用がなかったが、利用は急拡大して3年目には教育委員会が営業をかけずとも4月当初に20件近くの申請がある状態にまで成長した。

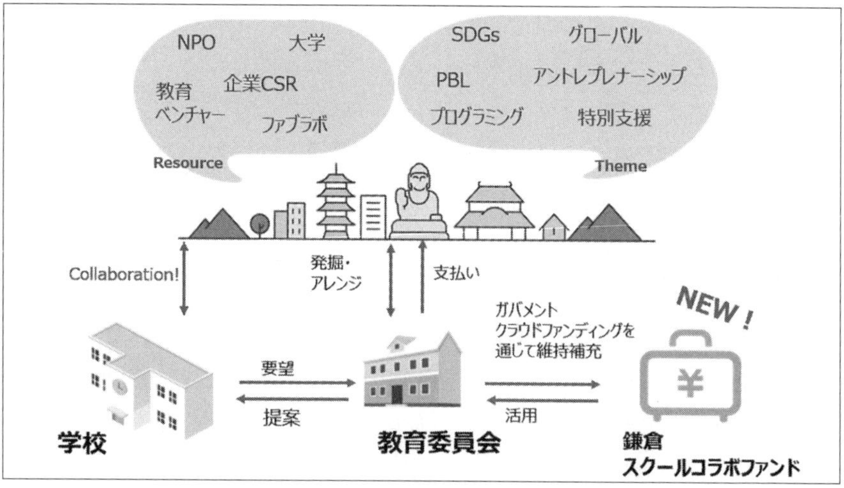

スクールコラボファンドの仕組み

しかし、そんな都合のいい金がどこから生まれてくるのか。市長にお願いして予算が潤沢に付くのであれば、どの自治体も苦労していない。私が額をこすりつけて真剣にお願いすれば一時的に予算をいただけたかもしれないが、持続可能性に乏しいし、何より模倣可能性が低い。社会に開かれた教育課程の実装は全国の課題であり鎌倉だけの課題ではないため、ほかの市町村でも模倣可能な取組でなくてはいけないと思った。そこで、教育委員会自体がファンドレイズしてその資金調達を行うこととしたのだが、いかんせん義務教育は無償である。いかなるかたちであれ、「保護者から義務教育で新たなお金を集めてそれで事業を実施している」という枠組みになっては、不人気政策となってしまう。そこで目を付けたのがふるさと納税である。ふるさと納税の仕組みを使えば、寄付いただいた分は住民税などから控除されるので、新たな負担を求めずに済む。ふるさと納税の総合サイトである「ふるさとチョイス」と連携をし、「ふるさと納税の仕組みを活用したクラウドファンディング」でSCFの原資を募ることとし、積極的なファンドレイジング活動のかいあって３年間で約1,500万円の資金調達に成功した。そして、SCFで実現した教育をnoteというSNSで発信[3]することで、SCFで社会の要請に応えた教育を実現すればするほど、社会の理解を集め支援の輪が広がるというかたちを目指している。

こうして2020（令和２）年にスタートしたSCFであるが、すでに素晴らしい実践が生まれている。例えば、SDGsを題材にした課題解決型学習（PBL）や、防災広告の作成を核とした想像力育成プログラム、JICA留学生を招いた国際理解教育、盲導犬・聴導犬と学ぶ福祉教育など、学校の多様なアイデアがかたちになっている。SCFは、単に浮ついた単発の「目立つ実践」を生み出すだけの装置ではない。教師や子供の「社会観」「教育観」を変えていくための装置だと思う。学校という枠を飛び出し、リアルワールドの当事者と一緒に教育活動を組み立てていくことで、教師は「教育って面白い」「カリキュラムデザインでこんなに子供の様子が変わるんだ」「社会に開かれた教育をしたい」とワクワクし、価値観が変わっていく。

鎌倉スクールコラボファンドの実践例：SDGsをテーマにしたプロジェクト型学習

価値観が変われば、その上に教育実践は積み上がる。それが教師の習性だからだ。

不安とワクワク、は根源が同じである。未知のものに対して恐れや不安を抱くか、それともワクワクや好奇心を抱くか。その境目となるのは、私は「乗り越えられそうと思うか」ではないかと思う。SCFという武器を得て、未来の社会の要請に応える教育を「できそうだ！」と思えるようになることで､不安はワクワクに変わっていく。教育や社会に対する「見方･考え方」をアップデートし、未来の社会を見据えた教育をつくっていくことの楽しさを引き出す。それが、SCFが鎌倉の教育を変えた、と言われる（ことがある）最大の要因ではないかなと考える。

これからもSCFを通じて教育現場の「夢」を叶え、教師も子供も保護者もワクワクするような学校教育をつくっていきたいし、こうした取組の他自治体での展開を手伝っていくことをライフワークの一つにしたいと考えている。

3 子供の現在の視点に立つ：かまくらULTLAプログラム

2021（令和3）年、鎌倉市教育委員会は「すべての子供たちに、ユニークな学び方がある」という理念の下、学校に通うのがつらいと感じている鎌倉の公立小中学校の児童生徒を対象とした探究プログラムである「かまくらULTLA（ウルトラ）プログラム」を立ち上げた。不登校の子供たちや、学校に通っているけれども学校での生活につらさを感じている子供たちが、プログラムを経て自信や自己肯定感を取り戻し、成長していく姿にスタッフ一同涙することとなった。どういった背景で立ち上げ、何をし、子供たちにどういった影響を与えたのかをご紹介したい。

学習者の視点に立った学び、という言葉は近年本当によく聞かれることとなった。2021（令和3）年に中央教育審議会でまとめられた「『令和の日本型学校教育』の構築を目指して」という答申においても、「個別最適な学び」と「協働的な学び」の一体的充実という概念が打ち出され、そのうち「個別最適な学び」については、「指導の個別化」と「学習の個性化」という2つの側面からなることが示された。しかし、「学習の個性化」と子供が急に言われても、学校という文化の中では「自分らしく学んでいいよ」と言われたことはなく、「自分らしい学び方」を探究する時間も、許容される環境も子供たちには与えられてこなかった。

ノートの取り方、机の上の筆箱や教科書の位置、姿勢、発言の際の声の大きさ、友達に聞いてもいいタイミング、あらゆる学習方略が指導される現実において、子供が自分の認知の特性や学習特性を発揮して自己調整しながら学ぶということは、子供自身にとっても新しい話である。この「学習の個性化」を現実のものとするための具体のペタゴジー（教育実践方法）を確立し、不安をワクワクに変えていくとともに、現に学校の環境と自身の学習特性のミスマッチを生じている不登校の子供たちにそのペタゴジーを提供することで、学びの在り方を変えながら実際に子供を助けていく、そんなプログラムをつくりたいと思ったのがかまくらULTLAプログラムの出発点である。実際に、さまざまな発達心理学上の知見によれば、子供たち一人ひとりにユニークな学習特性（視覚優位・聴覚優位などの認知特性や、シングルタスク・マルチタスクやミクロ・マクロ指向などの思考特性等）がある。その特性が学校固有の環境とマッチした場合には学校に通うことに苦痛が生じないが、合わない場合には学校に通うのがつらくなってくる。こうした観点に立てば、子供が学校に通いづらいという状態に陥った場合に、従来の学校的環境において学びの一部でも保証するような取組だけではなく、本人が学校に通うのがつらいと感じるようになったその学習特性そのものに着目し、それを積極的に伸ばしてあげることが真の社会的自立につながる道なのではないか、と考えられる。学習の個性化と、不登校問題の本質的アプローチという２つの道がまじわり、「子供のユニークな学習特性を伸ばす」というULTLAプログラムの基本的な哲学となった。

ULTLAは、「学びの最適化とアセスメントを通じた個性の解放」を意味するUniqueness LiberationThrough Learning optimization and Assessmentの頭文字を取ったものであり、学校に通うのがつらいと感じている、鎌倉市内の４年生以上の公立小中学生を対象とした３日間の探究プログラムである。鎌倉の豊かな自然や魅力的な場所を舞台に、鎌倉の誇るユニークな人材に数多く参画いただきながら、株式会社SPACE（代表：福本理恵）さんと協働してプログラムを構築しており、国指定史跡浄智寺を舞台にした「森のプログラム」や、鎌倉の海を舞台にした「海のプログラム」を実施している。

ULTLAは、①参加者の学習特性を科学的に明らかにする「アセスメント」②アセスメント結果をヒントにしながら、自分らしい学び方を試していく「探究プログラム」③学びの成果を大人や友人と共有して分かち合う「成果の発表」の３つの要素から構成されている。子供が自身のユニークな学習特性を前向きに捉え、それを発揮させながら学ぶ術を身に付けるというULTLAの考え方を実現するためには、子供が自分の学習特性を科学的に把握し、それと向き合うきっかけとなる「アセスメント」は必要不可欠である。アセスメントとしては、株式会社SPACEの「SpaceQ」を活用しているが、SpaceQでは、大きく分けて①言語、論理・数学、博物といった関心領域、②新しいアイデアを創るのが得意か、ルールに従って物事を進めるのが得意か、他者を評価するのが得意かといった思考のスタイル、③目で見るのが得意か耳で聞くのが得意かといったインプット特性や書く・描く・話すなど得意なアウトプット特性、④エネルギーレベルとその収束・拡散の度合いなどの好奇心のスタイルを明らかにしていく。アセスメント結果は、そのときの心理状態や自己認識・興味関心によって変化していくので、子供たちはプログラムの前後に2回アセスメントを受け、ULTLAの学びを経て自分がどのように変わっていくのかを見つめ、自分の得意な学び方に対する認識の彩度を高めてくこととなる。

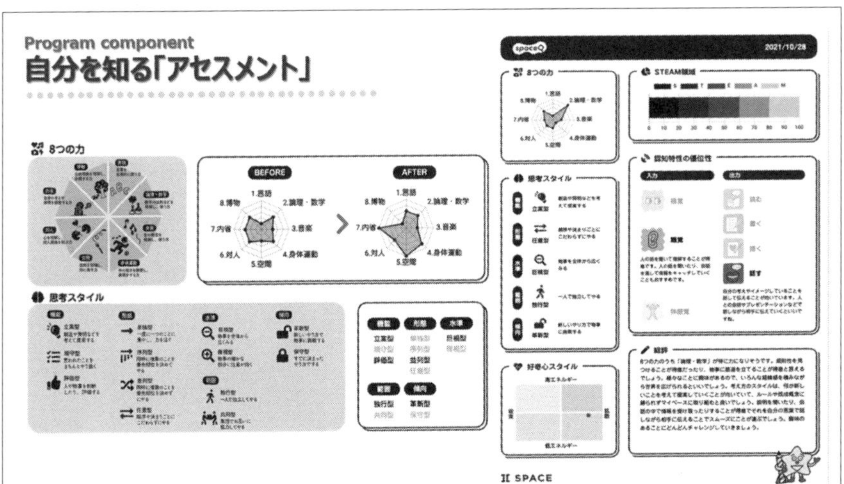

ULTLAプログラムのアセスメントSpace Q（株式会社SPACE提供）

しかし、アセスメントだけで人生が劇的に変わるわけではない。自分自身で、自分の学び方を体得していかなくてはならないのである。したがって、アセスメントの結果を見ながら自分らしい学び方を試す「探究プログラム」が必要となる。探究プログラムでは、多様なインプット（座学、身体運動、映像、音楽など）・アウトプット（読む、書く、話すなど）が発揮できるように工夫されているほか、各教科の内容を横断的に散りばめてあり、単なる「楽しい体験プログラム」ではなく、「自分らしい学びを深めていく中で学ぶ楽しさを見出すプログラム」となるようデザインされている。例えば、2021年に行った森のプログラムは、鎌倉の誇る寺社や森を最大限に生かしたプログラムであり、国指定史跡「浄智寺」の美しい境内や竹林をフィールドにして行った。自分の心や体の動きをさまざまな活動を通して実感してありのままに受け止めたり、相手と自然にテンポを合わせたりしていく活動を盛り込みながら、竹や寺、精進料理といった題材を用いて社会・理科・音楽・家庭科に通じる教科横断的な内容を学び、最終的には竹を使った楽器を作るというミッションを通じた探究を行った。プログラムのアーカイブを専用ホームページに残してあるので、興味のある方はぜひご覧になっていただきたい[4]。

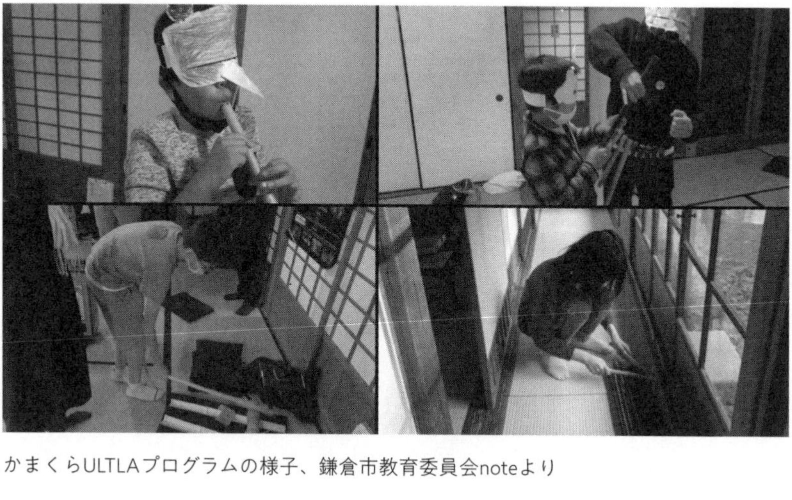

かまくらULTLAプログラムの様子、鎌倉市教育委員会noteより

ULTLAを経験した子供たちの反応はそれぞれだが、共通するのは「また参加したい！」という気持ちである。3日間、五感をフルに使った学習

プログラムはかなりハードだが、2021（令和3）年・2022（令和4）年の実施において、参加したすべての子供と参加させたすべての保護者が「また参加したい」と答えてくれた。「自分の取扱説明書がわかった！」と言って、自分らしい学び方を追求する進路を選んだ子供もいれば、ULTLA での自身を糧に学校に戻った子供もいる。自分らしく学ぶことの楽しさを感じ、また自分らしくあることが許されることを受け止めた子供たちの学びに向かう姿勢は本当にまっすぐで純粋で、参加する大人の子供観すら変えていく力がある。いつもプログラムの後の振り返りスタッフミーティングでは、大人の涙が止まらない。

今は、学校から離れた場所で社会教育として実施している ULTLA プログラムだが、学校教育の中でも、自分らしい学び方を発見して試すような時間があり、個性的な学びが許容される環境をつくっていくことが必要であると考える。ULTLA を通じて、学びの在り方を問い直す。かまくら ULTLA プログラムは、不登校の子供たちはもちろん、学校の先生方の子供たちを見る目を変え、柔軟で包摂性のある学校づくりに向けた重要な哲学的土台となっている。

4 マインドセットに変化を生み出す仕掛け

社会の変化の激しさが増し、予測不可能な社会となっていく中で、教育政策も変わり続けていかないといけない。文明のリセットが起こるほどの地球史的な大事変が起きない限り、変化のスピードが緩やかな時代は、もう戻ってこない。スクールコラボファンドにしても ULTLA にしても、永久不変な政策ではなく、常に進化し続けていかなくては、早晩時代遅れになってしまう。そして、これらの発案者である私も、ずっと鎌倉市の教育長ができるわけではなく、いつか文部科学省に帰任することとなる定めである（2023 年 7 月末に退任した）。

鎌倉市の教育委員会及び学校が常に社会の変化を前向きに受け止め、自らのマインドセットも変化させながら、魂のこもった政策を生み続けるためには、「変化し続ける必要性」を皆で理解し、「変化の技法」を皆で習得することが必要だと考えた。変化し続ける必要性を理解するためには、AI・ロボティクス・高速インターネットが高度に発達した社会で求められる資質・能力はどのようなものか、子供たちが飛び込む社会の姿を、皆でリアリティを持って理解することが重要となってくる。そして「変化する技法」としては、ピーター・センゲの「学習する組織」の理論に加え、「対話・リフレクション」「コーチング」といったスキルを学んでいくことが重要である。

このような考え方から、在任中にさまざまな「学ぶ仕掛け」を用意した。

（1）変化し続ける必要性を理解する

・新しい社会とそこで求められる資質・能力の在り方についての教育長講演会を多様な対象に向けて、何度も何度も実施（教育委員会事務局、校長会、PTA、学校……）。

・特に学校で講演する際は、関わる当事者全員で同じ考え方を共有できるよう、教師・子供・保護者・学校評議員全員が同じ場で、同時に聞くように設定した。

（2）変化の技法を学ぶ

・校長・教頭・主幹教諭などのスクールリーダー向けに、「学習する組織」の勉強会を開催。月に一度オンラインで、熊平美香氏や札幌新陽高校の赤司展子校長、リクルートの福田竹志氏等を講師として招きつつ、変化に対応していく組織の在り方を対話的に学んでいった。

・全校長・教頭向けにコーチングの研修会を開催（株式会社 CoachEd に依頼）し、職員の内発性を引き出しながらそれぞれが自走していく組織づくりについて学んでいった。

・教育委員会全職員向けに「対話とリフレクション」の学習会を開催。

自分自身で自らの考えを変える手法である「リフレクション」と、他者との関わりを通じて自分を変える手法である「対話」について、熊平美香氏の著書をベースにしながら全員で学んでいった。

これらの取組を通じながら、社会の変化を直視しながら、自らの内発性を大事にしつつ、常に変化し続けるマインドセットを組織全体で共有していった。こうした取組が実を結ぶかは、私が退任した後の鎌倉市の教育行政を見てみないとわからないが、少なくとも「鎌倉で先進事例は絶対無理ですよ」「新しいことは、ちょっと……」と言っていたあの頃の鎌倉市教育委員会は、もうどこにもない。紙面に限りがあり書ききれないが、子供の助けを求める声を相談につなぐ「子どもSOS相談フォーム」、いじめ・不登校などの児童支援のハブとなる「児童支援専任教諭制度」、3Dプリンターや CAD を使った教科横断的な学びを生み出す「STEAM Lab」、情報モラルを含むデジタル・シティズンシップを気軽に学べる「GIGA ワークブックかまくら」、給食の廃食油から生まれた生分解性ストローを給食で再利用する「地球に還るストロー」、不登校特例校の新設、校内フリースペースの全校設置など、鎌倉市教育委員会は新たな施策を生み出し続けている。新しい教育長のもとでこうした学びの場を継続し、常に進化し続ける鎌倉市教育委員会を引き続きつくっていってほしいと願っている。

《注》

1　保守的というのは、いわゆる保守政党寄りという意味ではなく、新しいことに対する感受性が高くない、変化しにくいという意味で使用している。

2　「よりよい学校教育を通じてよりよい社会を創るという理念を学校と社会とが共有し、それぞれの学校において、必要な学習内容をどのように学び、どのような資質・能力を身に付けられるようにするのかを教育課程において明確にしながら、社会との連携及び協働によりその実現を図っていくこと。（2017（平成29）年公示小学校学習指導要領前文）

3　https://note.com/kamakuracity_edu/

4　https://kamakura-ultla.com/

瀬戸のうみ　ひねもす　のたり　のたりかな

大川 晃平
2000年入省
現在、文化庁文化資源活用課文化遺産国際協力室長
愛媛県教育委員会文化スポーツ部保健スポーツ課長（2009 － 2011）

こうしたことを記していいのか。悩みつつもせっかくの機会をいただいたので、僭越ながら少し筆をしたためることとした。

私が愛媛県に出向したのは2009（平成21）年から2011（平成23）年。今から12年前のことになる。初めての地方公共団体での勤務。意気揚々と肩を怒らせて愛媛県での仕事を開始した。子供の体力向上、質の高い教師の採用、教師のわいせつ事件への対応。

さて、私の趣味は釣りである。愛媛県に赴任するまでは、専ら渓流釣りと湖での釣りが中心。英国に勤務した際も休日はサーモンの釣れる川を巡ったりしていた。

翻って、出会いをいただいた愛媛県。三方四方、穏やかな海に囲まれている。着任した最初の週末。教育委員会の方から「課長釣りするなら海ですよ、週末行きませんか」とのお声がけ。海釣りは、父親と防波堤から糸を垂らしたことがあるくらいか。不安を抱きつつ、道具もままならない中、さっそく船に集合。何と、そこには、愛媛を代表する教育関係者の面々が大集合。この集いには、役職の上下関係はなく、船を運転する人、船をつなぐ綱を外す人、皆のつり餌を準備して持ってくる人、お昼をつくって皆に振る舞う人、それぞれに役割を担っている。その社会構造に面白さを見いだしながら、いざ出船。さっそく、船舶停泊場所問題、海に浮かぶごみ問題、魚種を変えてしまう地球温暖化といった、日本が、そして世界が直

面している課題に「釣り」という観点から議論開始。大人の探究の時間とでも言うのだろうか。

瀬戸内の春の海、糸を垂らすと黒メバルが鈴なり。くぎなご(餌)を付けた針にはホゴ(カサゴ)がパックリ。「黒メバルはメバルの中でも最高級なんですよ」「最近はアジがなかなか来なくてねぇ」「南の魚が北に上がって来とんよ」と魚談義。なんて豊かな海だ。存分に楽しむ。

東から南まで広い愛媛県。まだ今ほど情報網は整備されていなかったが、「今度の課長は船に酔わんらしい」。こうした情報はあっという間に県内に伝達された模様。翌週、さっそく別の先生から船のお誘いがある。

魚種は豊富で、ユムシという虫餌で釣る鰻・スズキ・クロダイ、刺身にしても美味しそうな生きたエビで釣る鯛(これまたでかい!)、港で釣ったアジを泳がせて釣るハマチ・ブリ、藤原純友が逃げ落ちてきた離島に渡りエギングでのアオリイカ等々。東から南まで多種多彩。学校訪問と合わせて各地を駆け巡る日々が続いた。

こうした釣り三昧?の中、徐々にわかってきたのが、教育委員会、高校教員、小中教員、教育関係団体、皆さんそれぞれが、釣りをしながら、機会ごとに少しずつメンバーを変え、仲間を増やし、情報共有を行っているということだ。そこには、豊かな海とともに、豊かな人脈形成、貴重な情報交換の場がある。何という素晴らしき公私混同(笑)。

「○○から松山にバイパスができたら生徒が松山に流れてしもうた。交通の利便性は学校にとっては悪影響を与えることもあるんよ」「○○小中学校(小中併置校)は児童生徒数は少ないがうまくいっているんよ」「○○高校の○○先生はかなり力がある」「○○学校はなかなかうまくいかない。そういうイメージができあがり、それがさらに状況を悪化させている」「○○は住みやすいよいとこやけん。

若い頃、都会に出ていくけど、離婚とかしたら皆戻ってくる。かて、この地域には一人親家庭が多いんよ。そうすると子供も不安定になりがちで。児童相談所と常に連携して取り組まないといかんのよ」「教員養成課程のある大学の中で、今、この教科では○○大学の取組が一番進んでるけん」こちらから何も聞かなくても、いろいろ教えてくれる。

とある離島にお邪魔したときは、校長先生と夜のエギング。港でアオリイカを釣りながら、「課長、今日、うちの小学校（離島の小学校）を見てもらったけど、小学１年生１名、小学６年生１名だけやろ。児童にとっても先生にとっても１対１って結構つらいんやけん。生徒のためには、中学校からは（本島の）寮に行かせて、もっと多くの生徒たちと一緒に学んだ方がいいんや」と赤裸々に校長先生の教育信念を伺った。

瀬戸のうみ　ひねもす　のたり　のたりかな。

愛媛県の教育をよくするために。始めは怒っていた肩がいつの間にか「なで肩」に。むしろ、その方が自然の流れの中で、多くの愛媛県の教育関係者と意思疎通を図り、質の高い教師の採用の在り方、過疎化が進む地域での学校運営の在り方、家庭状況の把握の仕方、生徒指導の在り方、さまざまな論点において、その地域における改善すべき点、その地域に合った対応すべき方法についてよく見えてくる。その地の「潮」を読みながら、それに合わせてしかるべき取組を進める。されど決して「潮」に流されるわけではない。何か取組を進めると多少の波風が立たないわけではないけれど、多くの関係者と協調して、力を合わせて教育課題に取り組める。この「潮」を生かした力はかなり大きいし、地域の流れに即しているので長期的に継続できる取組になる。

今後とも愛媛県で学んだ経験を生かし、でっぷりと、大きな「潮」の流れを感じながら、大局観を持って仕事をしていきたいものである。

☞ CHANGE from 大分県

それぞれの戦い

佐野 壽則
2002年入省
現在、独立行政法人教職員支援機構審議役
大分県教育委員会教育改革・企画課長（2012－2015）

現在、教職員支援機構（NITS）で初めての「探究型」研修の開発に取り組んでいる。教師の探究する力や、探究的な学びをデザインする力を高めることを目標としている。自己の実践や視座をそもそもから捉え直す「探究」を、教師自身が体感するこの研修では、誰かに教え導かれるのではなく、他者と長い対話をしたり、文章に綴ったりすることを通じて、省察を深め、自らの在り方に気付いていく時間と空間が不可欠だと考えている。

約10年前、教育改革・企画課長として大分県教育委員会に赴任したとき、教育人事課長をしていた人がいる。河野盛次さんだ。教職員組合対応を含め、2008（平成20）年の教員採用汚職事件の対応は、彼が中心となって行っていた。

彼は著書の中でこう書いている。大分では、「話し合いを、子どもたちの主体性に任せ、子どもたちが自ら気づくことによって『考える力』が身につくといったような、へんてこな授業」、「誤解された協調学習」が行われていた。

赴任1年目、互いの部下を介して、ときに河野さんと激しくぶつかりながら、大分の新しいかたちをつくっていった。団体の力が日本で有数に強いとされた大分県で「是正指導」を行いつつある中、彼が、「同僚性」「教師同士の支え合い」「協力・協働」といった、彼が言うところの「組合がよく使う」言葉を嫌うことは理解できた。

自分自身、文部科学省の教職員組合対応の部署の出身だからだ。広島県に見習い、校長のリーダーシップや主任制さえ確立すれば、自動的に大分の教育はよくなるという彼の言葉も、首肯できた。ただ、本当にそれだけかという気持ちも抑えられなかった。究極的には学校が活力を持つことを目指していたとしても、管理に圧倒的な比重が置かれたメッセージで、大分の先生方は、学校は、本当に元気になるのかと思ったのだ。そのため、１年目の半ば、彼が作成した提言を受け継ぎ、自分の課で新たなプランをつくったとき、順番をひっくり返し、学びの充実を前に、管理を後に描き、管理の中でも校長の主体性を重視した目標達成マネジメントを、組織形成マネジメントの前に位置付けた。それからの２年半、仕事を積み上げていく中、表裏で役割を担い、危機感や覚悟を共有し、私と河野さんは「戦友」になった。

今、私が彼に、対話を大事にした教職員研修を全国に提案していることを話したら、どのように反応するだろう。少し目を見開いて、「まあ、佐野さんのそういうところは変わらないよね」と笑ってくれるだろうか。あるいは、「あのときと違って、今大事なのは、そういうことだ」と賛同してくれるだろうか。

広島県で是正指導を進めた辰野裕一元教育長（元文部省審議官）は、あれだけ強力に是正を進めつつ、一方では、授業力の向上のための教師の学び合いへの支援を充実したという。そういえば、入省して間もないとても暑い夏の日、大村はまさんが講演をされているのを見に行った。あれは、当時、初中企画課長だった辰野さんが呼びかけたものだった。

数多くの葛藤や、ときに矛盾を、願わくば止揚を孕みながら、教育行政は展開してきた。

NITSに来て、一つ思うことがある。教師は面白い仕事だということだ。人を人たらしめる学びや変容に関わり、自らも共に変わっていく。そのような職。教職を「面白い」と思える感性を持った人だけが、子供と好奇心を分かち合える。今、そのような人こそ、教師になってもらいたいと感じる。私は、教職を面白いものにしてこれただろうか。我々は、教職を魅力あるものにしてこれただろうか。

私が入省したのは2002年、それから20年以上が経つ。僕には僕の、僕たちの世代には僕たちの世代の戦いがある。そんなことを思ったりする。

☞ CHANGE from 徳島県

対話からはじめる教育政策

小倉 基靖
2006年入省
現在、総合教育政策局教育人材政策課教員養成企画室長
徳島県教育委員会学校教育課長（2019 − 2020）
教職員課長（2020 − 2021）

2019年4月。いざ行かん、阿波の国へ。教育改革を成し遂げて一旗揚げてみせようか……などといった具体的な考えもないままに、県教育委員会の課長に着任した。もちろん、文部科学省での知見、先輩出向者の武勇伝は持参した。ただ、振り返れば、在任中取り組んだ諸施策の最大の推進力となり、武器となったのは、人、であった。

とはいえ、最初に紹介するのは、教育への熱意や個性を惜しくも捨象した若手指導主事（事業屋）、発言のない会議、学力に無関心な世間、予算よりも人がほしい組織。仕事を増やすのは申し訳ない。うぅむ。五里霧中。何をすべきだろうか。

ここで登場するのは、かつて先輩出向者に指導主事として仕え、今や立派な管理職となって私の隣の席にいた室長だ。彼からは、知識や人脈、現場の感覚だけでなく、何よりも自信と阿波弁耐性を与えていただいた。歴代の先輩にもこの場を借りて感謝申し上げる。

そのうち、「カチョー（⤵）、どこへでも積んできますよ（※当初、お荷物扱いかと思ったが、車に乗せていくという意味の模様）」「現場の教員、何も知らせずに来てますんで」といった温かい言葉に甘え、気付けば、機械的な話は少なくなり、教育委員会の枠を超え、出会う方々、皆が発案者となり、やるべきこと、やりたいことが無数に増えてきた。

「学力向上の取組に苦情が……」「コミスク進まないのは感情的理由なんですよ」「夜間中学、人集まるかな」「同僚が辞めそうです」「学校に外部の人？」「最も面倒な研修知っていますか」。

前例がないこと、反対があることに苦労することは当然だが、意外と難しいのは、形骸化して進捗のない取組、そもそもインセンティブがない取組である。こうしたものを動かすことができたのは「対話」のおかげである。ページの都合上、詳細は割愛せざるを得ないが、「次の議会で……」「こんな画を撮りましょうよ」「研修会に参加してください」と、きっかけをくれたのは、教育委員会内にとどまらず、県議、記者、職員団体、大学、事務職員、教員OBといったさまざまな関係者だった。

皆の想いを政策に乗せて。着任当初の悩みは雲散霧消し、対話から生まれた小さな成果がポツポツと出始めた。そのうちのいくつかを紹介してこのコラムを終えさせていただくが、対話はまだまだ続く。

・指導主事「研修会のアンケート見てください！明日の授業からやってみますって。」
・事務職員「事務職員教頭職の創設は、新たな目標です。学校経営改革実践します。」
・生徒「夜間中学で勉強することが楽しみです。」
・教師「変形労働時間制、さっそく活用しました！」
・市町村教育委員会「学習指導員の派遣制度の噂を聞いたんだけど……。」
・校長「学校運営協議会の委員就任よろしく。責任とってくださいね。」

AFTERWORD

あとがき

千々布 敏弥
国立教育政策研究所総括研究官

私は今まで、授業研究の方法、教育委員会改革などで複数の編纂書に取り組んできた。いずれも出版社からの申し出に応えるかたちで取り組んだものだ。私が編纂書で執筆者に依頼する場合、濃厚な関係を構築した実践家や教育委員会関係者のみに、ほぼ執筆内容を想定しながら依頼している。ところが面白いことに、編纂書原稿となると、それまで語っていただいていた内容以上のものが書かれている。私は「この方にこのような依頼をするとどのような原稿が出てくるだろうか」と楽しみにしながら編纂に取り組んできた。

今回の編纂書も同様だった。悠光堂からの要請に応え、これまでの地方教育行政研究会の流れの中で特に面白いと感じたメンバーに今回の原稿執筆をお願いした。研究会ですでに話を聞いているから執筆内容は想定できるのだが、想定から外れる、想定を超える原稿を多くいただいたことに驚き、感謝している。皆、業務で忙しいだろうに、真摯に出向時のことを思い起こし、原稿化してくださった。

特に感心したのは武藤氏の原稿である。今回の執筆メンバーはほとんどが企画官や室長、課長補佐クラスであるのに対し、武藤氏は課長である。しかもギガスクールの担当で超多忙だった（執筆当時学校デジタル化PTリーダー／修学支援・教材課長）。私は「コラムでいいから書いてほしい」とお願いした。彼は多忙で何度執務室に足を運んでも席にいない。執筆許諾の返事をもらうことを含め、原稿を頂戴するのに大変苦労した。ほかの執筆メンバーより半年遅れてようやくいただいたのだが、その原稿を読んで、彼の思いの強さに心打たれた。研究会のときに話していなかった諸事情まで詳しく書いている。そこまで書かないと当時の自分の思いを伝えることができないと考えたのであろう。そして武藤氏は北海道で培った精神が現在の仕事につながっていると考えている。北海道への感謝と愛が詰まっている。本書は「である調」で記述することを基調としているのだが、彼の原稿だけは「ですます調」で書かれていた。私はそのままで掲載する方がふさわしいと判断し、出版社にも了解いただいた。

コラムとして短文を寄稿していただいたメンバーがいる。業務を遂行するために水面下で手を回すなど、テレビドラマのように話は面白いのだが原稿化するにはためらわれる体験を持つメンバーに「この分量であればうまくオブラートに包んで書けるんじゃないでしょうか」とお願いして書いていただいたものである。読者からするとオブラートに包みすぎてわかりにくいかもしれない。これは私だけが経験できる楽しみなのだが「あの体験をオブラートに包んだらこんな文章になるのか！」と、彼らの文才の豊かさに驚かされた。

悠光堂の編集担当遠藤由子氏には大変お世話になった。悠光堂はこれまで研究会メンバーの書、浅田和伸『教育は現場が命だ―文科省出身の中学校長日誌』、佐野壽則『未来を切り拓く力と意欲の向上に向けて～大分県の教育改革～』、金城太一『チーム鹿児島！教育改革の挑戦～風は南から～』、北九州市未来の教育を考える会『北九州市学力・体力向上プロジェクト奮闘記』、髙見英樹『教育県岡山の復活に向けて　全国学力テスト下位から上位への飛躍と「夢育」の実現』を刊行してくださっている。そのほとんどの編集担当が遠藤氏だ。私は各執筆者が遠藤氏と交渉する場面に立ち会ってきたが、実に丁寧に執筆者の意向を踏まえた本作りをしている。今回も同様だった。このたびの原稿は、執筆者によっては行政上の用語を略語で書いている場合が少なからずあった。遠藤氏はそれらをすべてきちんとチェックし、表記ゆれを含めて丁寧に赤を入れてくださった。

悠光堂佐藤裕介社長は本書の発案者である。悠光堂は文部科学省関係の書籍を多く出版しており、前述の通り研究会メンバーの書を数多く刊行していただいている。文部科学省幹部・OB に知己が多く、文部科学行政の広報に一役買っているという感じの方である。本研究会の発足当初から関心を抱いてくださり、このたびの企画につながっている。

浅田和伸・長崎県立大学長の本研究会の位置付けにも言及しておきたい。本研究会は浅田氏が会長、私が事務局長というのが事実上の役割分担となる。研究会の運営はすべて私が浅田氏と相談する中で決定してきた。だが、研究会の席で浅田氏は常に私が主催者で自分は応援しているだけと語ってきた。本書の編纂もそうである。浅田氏は少なくとも本書の監修者くらいに位置付かないといけないのだが、一執筆者となることにこだわった。彼のパーソナリティがそうさせていたのだろう。そのパーソナリティが文部科学省、中学校長、大学長というキャリアの歩み方につながっているはずである。人間・浅田をもう少し見極めてみたいと思っている。

最後に合田隆史・元文部科学省生涯学習政策局長、元尚絅学院大学学長の名を挙げておきたい。この研究会の発想は私が合田氏と別の勉強会で交流する中で浮かび上がったものである。文部科学省の中では「大合田（だいごうだ）」と言われるほどの人物で、文部科学省職員の執筆活動を応援している。合田氏が音頭をとった局長クラスの勉強会があり、私はその勉強会でも事務局の役割を果たしてきた。合田氏から若手の参加がほしいとの要望をいただき、数人声をかけたのだが、若手からすると大先輩過ぎて交流しにくいらしい。そこで「若手が参加しやすい勉強会を別に発足させたらいいじゃないか」との進言をいただいてこの地方教育行政研究会は発足した。その後の流れが第１章に書いたものとなる。

今の世の中、教師も教育委員会も文部科学省も、批判を受ける場面は多い。私は彼らと30年近く交流してきたから、大部分が真面目で真摯に教育のことを考える人ばかりであることはよくわかっている。だから私は彼らを好きになるし、交流を深め、原稿をお願いしてきた。今回もそのような仕事ができて実に幸いである。

編集・執筆者一覧

【編集】

千々布 敏弥（ちちぶ・としや）

国立教育政策研究所研究企画開発部総括研究官

九州大学大学院博士課程中退、文部省入省。私立大学教員を経て、1998年から国立教育研究所（現・国立教育政策研究所）研究官。2000年内閣内政審議室教育改革国民会議担当室併任、2003年米国ウィスコンシン州立大学へ在外研究、2013年カザフスタン・ナザルバイエフ・インテレクチュアル・スクール授業研究アドバイザー等。

【執筆者】（五十音順、肩書は2024年4月1日現在）

浅田 和伸（あさだ・かずのぶ）
長崎県立大学長、元文部科学省総合教育政策局長、元国立教育政策研究所長
三重県教育委員会指導課長（1992－1995）、東京都品川区立大崎中学校長（2009－2012）

浅原 寛子（あさはら・ひろこ）
文部科学省初等中等教育局初等中等教育企画官
滋賀県湖南市教育委員会教育長（2012－2014）

今村 剛志（いまむら・たけし）
スポーツ庁健康スポーツ課障害者スポーツ振興室長
北九州市教育委員会指導部指導企画課長（2013－2015）

岩岡 寛人（いわおか・ひろと）
文部科学省初等中等教育局教育課程課学校教育官
神奈川県鎌倉市教育委員会教育長（2020－2023）

大江 耕太郎（おおえ・こうたろう）
文部科学省大臣官房人事課人事企画官（併）副長
埼玉県教育委員会教育政策課副課長（2012－2013）
義務教育指導課長（2013－2015）

大川 晃平（おおかわ・こうへい）
文化庁文化資源活用課文化遺産国際協力室長
愛媛県教育委員会文化スポーツ部保健スポーツ課長（2009－2011）

小川 哲史（おがわ・さとし）
文部科学省科学技術・学術政策局企画官
千葉県教育委員会指導課長（2013－2016）

小川 正人（おがわ・まさひと）
東京大学名誉教授、放送大学名誉教授

小倉 基靖（おぐら・もとやす）
文部科学省総合教育政策局教育人材政策課教員養成企画室長
徳島県教育委員会学校教育課長（2019－2020）
教職員課長（2020－2021）

佐野 壽則（さの・としのり）
独立行政法人教職員支援機構審議役
大分県教育委員会教育改革・企画課長（2012－2015）

髙見 英樹（たかみ・ひでき）
文部科学省高等教育局企画官
岡山県教育委員会教育次長（2019－2021）

竹中 千尋（たけなか・ちひろ）
文部科学省大臣官房政策課課長補佐／税制専門官
熊本県教育委員会市町村教育局義務教育課長（2020－2022）
教育政策課長（2022－2023）

能見 駿一郎（のうみ・しゅんいちろう）
文部科学省総合教育政策局地域学習推進課地域学校協働推進室長
大分県教育委員会教育改革・企画課長（2015－2018）

武藤 久慶（むとう・ひさよし）
文部科学省初等中等教育局教育課程課長
北海道教育委員会教育政策課長（2010－2012）
義務教育課長（2012－2013）
学校教育局次長（2013－2014）

村尾 崇（むらお・たかし）
内閣参事官（内閣官房副長官補付）
福岡県教育委員会教育振興部義務教育課長（2006－2009）

山田 素子（やまだ・もとこ）
国立大学法人東京医科歯科大学理事・副学長・事務局長
静岡県磐田市教育委員会教育長（2007－2009）

山本 悟（やまもと・さとる）
文部科学省初等中等教育局教育課程課学校教育官
鹿児島県教育委員会義務教育課長（2018－2021）

渡邉 浩人（わたなべ・ひろと）
文化庁著作権課著作物流通推進室長
高知県教育委員会生涯学習課長（2015－2016）
教育政策課長（2016－2017）

それゆけ文科若手官僚！
地方と一緒に教育改革の種をまく

2024年6月1日　初版第一刷発行

編　者　千々布 敏弥
発行人　佐藤 裕介
編集人　遠藤 由子
制作人　冨永 彩花
発行所　株式会社 悠光堂
〒104-0045 東京都中央区築地6-4-5
シティスクエア築地1103
電話：03-6264-0523　FAX：03-6264-0524
印刷・製本　明和印刷株式会社

ISBN978-4-909348-64-7 C0037